汪精衛與現代中國系列叢書 12

我書如我師

汪文惺日記 1937-1938

汪精衛與女兒探索救亡圖存之路

U0060190

書評讚譽

汪精衛長女汪文惺的部分日記
（一九三七年十一月至一九三八年四月），
即橫跨了記事備忘、志感抒情、戰亂、家庭婦女等
諸多類別，頗具研究價值。這些日記亦是身為大專生
的汪文惺寫給父親批改的「作文」——
作為國民政府第二號人物的汪精衛，
在百忙之中不忘仔細批改、點評女兒的日記，
父親之愛盡在其中。

暢銷美籍華裔作家余杰

汪文惺日記中的這些汪精衛批註手跡既
是十分私密性的文字，無需考慮加以掩飾，
故其表露汪氏思想的真實性毋庸置疑，
是探究汪氏思想十分可靠的文獻。

文學專家羅葉博士

本書對汪精衛的研究有重大貢獻，
特別是有關他在中日戰爭首一年
的思想研究。

美國聖邁可學院歷史學系榮譽退休教授王克文

汪精衛與現代中國系列叢書 12

我書如我師

汪文惺日記 1937-1938

汪精衛與女兒探索救亡圖存之路

八荒圖書
EIGHT CORNERS BOOKS

汪精衛與現代中國系列叢書 12

我書如我師

汪文惺日記 1937-1938

汪精衛與女兒探索救亡圖存之路

My Books, My Teacher —
The Diary of Wang Wenxing

國家圖書館出版品預行編目（CIP）資料

我書如我師：汪文惺日記（1937-1938）：汪精衛與女兒探索救亡圖存之路 = My books, my teacher : the diary of Wang Wenxing / 汪文惺作. -- 新北市：華漢電腦排版有限公司, 2024.04
面； 公分. --（汪精衛與現代中國系列叢書：12）
ISBN 978-626-97742-9-6（平裝）
1.CST: 汪文惺 2.CST: 回憶錄

782.887 113003423

作　　者 — 汪文惺
執行主編 — 何重嘉
編　　輯 — 朱安培
設計製作 — 八荒製作 EIGHT CORNERS PRODUCTIONS, LLC
台灣出版 — 華漢電腦排版有限公司
地　　址 — 新北市板橋區明德街一巷12號二樓
電　　話 — 02-29656730
傳　　真 — 02-29656776
電子信箱 — huahan.huahan@msa.hinet.net
出版年月：2024年4月

ISBN：978-626-97742-9-6

定價：NT$600

本著作台灣地區繁體中文版，由八荒圖書授權華漢電腦排版有限公司獨家出版。

代理經銷：白象文化事業有限公司

地址：401 台中市東區和平街228巷44號

電話：04-22208589

eightcornersbooks.com | wangjingwei.org

汪精衛紀念託管會獻給何孟恆與汪文惺

目錄

前言

人類的愛，所最珍貴的就是：「仁愛」，
人與人的愛就是：「不獨親其親不獨子其子」，
即「推己及人」。

汪文惺
一九三八年四月二日

Mimi
1938.

Mimi
1938

Mimi
1938

序｜余杰

評《汪文愷日記》

清末政治家、學者張蔭桓認為，西漢使者陸賈、蘇武、張騫等「博征約記」，為日記之嚆矢。漢代劉向《新序雜事》中指出：「司君之過而書之，日有記也。」日記屬於一種私人著述，顧名思義，是一種個人逐日記事的寫作方式。一般認為，日記是一種自我交流的形式，主要不是為了發表而進行的記錄和寫作，作者往往面對自己的內心世界，而不是廣大讀者和公眾，寫作過程中具有「非公共寫作」的特有心態，所以被譽為拒絕與人對話的心靈史、旁人不在的自我獨白。

在中文世界，自清末以來，日記逐漸成為歷史研究的重要素材。而在西方，日記在歷史研究中得到重視，則更晚一些。德國社會史學者 Jorn Rusen 指出，過去所發生的事要能成為「歷史」，必須是這些事能對現今的狀態、情境或環境構成影響，以及為了追求未來方向而尋求在過去具有重要性的事物。亦即，過去的事要能成為歷史，必須與「現在」有密切關係，用意大利哲學家克羅齊的話來說就是「一切歷史都是當代史」。一九八零年代，新文化史崛起，日記成為微觀歷史的第一手材料，其重要性備受青睞。

鄒振環在《日記文獻的分類與史料價值》中兼顧形式與內容，將日記文獻分為：記事備忘、工作、學術考據、宗教人生、遊歷探險、使行、志感抒情、文藝、戰難、科學、家庭婦女、學生、囚亡、外人在華等十四類。南京圖書館發現的汪精衛長女汪文惺的部分日記（一九三七年十一月至一九三八年四月），即橫跨了記事備忘、志感抒情、戰亂、家庭婦女等諸多類別，頗具研究價值。這些日記亦是身為大專生的汪文惺寫給父親批改的「作文」——作為國民政府第二號人物的汪精衛，在百忙之中不忘仔細批改、點評女兒的日記，父親之愛盡在其中。汪精衛一生為政治所累，與家人往往離多聚少，但其家教甚嚴，其家教也甚為成功，其子女及孫輩成年後大都術業有專攻，在西方社會自食其力，過著自由和獨立的生活。與之相比，在中國和台灣掌權至死的毛澤東與蔣介石，其後人多半為紈绔子弟、惡少怨婦，作惡多端、禍國殃民。

少女汪文惺，在這本時間跨度不到半年的日記中（其他時間段的日記目前尚未發現）描述了中日戰爭初期國民政府節節敗退的慘狀，她自己隨父親和政府從首都南京逃亡到武漢，其間還有一次香港、廣州之行。作為汪精衛的女兒，她生命安全有足夠的保障，她不曾看到前線的血肉橫飛，但這場慘烈的戰爭仍給她帶來巨大的震撼，乃至成為她提前到來的「成年禮」。她的日記，也不再是「少年不識愁滋味，為賦新詞強說愁」，而是「感時花濺淚，恨別鳥驚心。烽火連三月，家書抵萬金。」

中日戰爭是一場中國、日本和美國「三輸」的「錯誤戰爭」。三國政府決策者的錯誤決策及被仇恨宣傳所扭曲的民意觸發的戰爭，讓三國都損失慘重——輕易啟動戰端的國民政府元氣大傷（就連比較替中華民國政府說話的史家都承認，是蔣介石率先在上海發動對日本的攻擊），之後被中共擊敗，逃亡至台灣，反攻大陸成為自欺欺人的謊話；日本與中國全面開戰後，又將戰爭擴大為太平洋戰爭，明治維新之後的現代化道路遭遇重挫，承受了兩枚原子彈，險些亡國滅種；美國打贏了太平洋戰爭，卻丟掉了中國，並眼睜睜地看著東南亞多國赤化（後來還不由自主地介入越南戰爭），至今共產中國仍是美國和西方民主世界最大的威脅。而這場戰爭真正的勝利者，是蘇聯史達林政權及作為其隨附組織的中共毛澤東集團，可惜當時的局中人沒有幾個具備看透此一歷史脈絡的「大歷史」的眼光——汪精衛是少數先知，所以他發起和平運動，企圖聯日反共，可惜最後功敗垂成，還被妖魔化為漢奸，承受罵名至今。

汪文惺受父親的影響，也對戰爭和時局有自己非主流的觀察和思考。她在日記中的記載和感想，跟一般被左派意識形態蠱惑、俘獲的「愛國青年」大不相同。在蔣系的宣傳機構大唱愛國、勝利的讚歌之際，她敏銳地看到了國軍不堪作戰，政府腐敗無能的真相。比如，十二月十三日，她在日記中寫道：「在這一次戰爭以前，似乎沒有把我們的力量，和敵人的力量估計清楚，即所謂不知己不知彼，如何可以不敗。」

在十二月二十三日的日記中，汪文惺記載了從南京逃到武漢、當初自告奮勇守南京並號稱與南京共存亡的唐生智來其家中做客的情形：「唐先生今天來吃晚飯，我們亦可以知得南京陷落的情形。據說：退兵時，士兵互相踐踏，由海軍部到挹江門，尸首堆積五尺多高，江上浮滿敗兵，呼號求救之聲不絕，悲不可言，慘不忍睹。這次南京不能守，亦是意中事，但絕對沒有想到如此悲慘。若然兩軍相對，戰鬥而死，是很值得的。自己互相擠擁踐踏而死，未免太無代價了，犧牲不是這樣的。我們聽後黯然，唐先生亦很難過，便回去了。」蔣介石和唐生智都是色厲內荏的偽君子，高調唱地響徹雲霄，但日軍還沒有打來，他們自己就率先逃亡。南京陷入無政府狀態，軍隊失去主帥，民眾更如一盤散沙，焉能不敗？「自己互相擠擁踐踏而死」的，比被日軍屠殺的更多。蔣、唐比侵略者更可恨，但他們卻無恥地苟活下來。

在十二月二十七日的日記中，汪文惺寫道：「杭州、濟南相繼失陷。濟南失守的時候，我國死亡的士兵不過一百餘人，便將重要的都會，輕輕送入敵人的手。最可慘的，民眾手無寸鐵，給敵人屠殺。這一種的殘酷，是誰弄到如此地步的呢？要是決定不守城，應當先有準備，使民眾疏散，不要天天在報上愚民，兵力如何鞏固，力量如何宏厚，可以守多少天，結果人民上當，最慘重的犧牲仍在民眾的身上！還加上『叛逆順民』，這樣太沒有公道了，太對不起信仰我們政府的同胞了。」汪精衛在這段日記後面加以評點說：「此段沈痛透切，俄國焚毀莫斯科時，先叫人民走開，然後軍隊走開，敵人入城之後，方纔縱火，這是一定的次序，斷沒有軍隊先走，撇下人民的道理。」俄國的沙皇政權對人民野蠻殘暴，但在戰時尚且知道愛護百姓生命，而所謂遵循「三民主義」意識形態的國民政府，卻如此不仁不義、視百姓如芻狗。汪精衛有詩人之心，有仁愛之心，老吾老以及人之老，幼吾幼以及人之幼，逐漸與蔣氏的路線漸行漸遠、分道揚鑣。

在一月十二日的日記中，汪文惺又寫道：「最近更痛心、不忍提，而不能不提的就是，散兵、土匪、地痞，我們的同胞而行敵人姦淫擄掠的獸行。這一種痛心、怨憤，使民眾見了軍隊就含恨畏懼，沒有辦法能使軍民結合的。」她說出了一般人不敢面對的真相：中國軍隊屠戮自己的人民，比侵略者的軍隊還要得心應手。這種情況，在隨後的抗戰期間屢見不鮮。比如，河南百姓痛恨國軍，有「水旱蝗湯」之說，「湯」就是指湯恩伯的部隊。河南民間武裝甚至攻擊湯恩伯潰敗的軍隊，消滅了十多萬人。當時，國軍來了是搶糧，日軍過來第一件事就是向百姓發放軍糧，國軍不管百姓死活，日軍為百姓打開生存之路。在「國家如此積貧積弱，軍隊如此雜色林立，社會如此危如懸卵」之刻，是餓死，還是生存，老百姓很容易做出選擇。

蔣介石企圖用中國軍民的血肉將自己鑄造成抗日英雄。而汪精衛是少數看出盲目對日作戰只能讓共產黨坐收漁翁之利的政治家：「跟著蔣高調繼續抗戰。以蔣現有的兵力，不但不足以抵抗日本，並且不足以控制共產黨。以蔣現有的環境，雖欲不跟着共產黨而不能。這樣下去，只有以整個國家、民族跟着蔣為共產黨的犧牲。」[1]二戰之後中國歷史的走向，被他不幸而言中。

汪文惺的見識，遠高於那些自以為是、飛蛾撲火地奔赴延安的「菁英知識分子」，以及自視為中共同路人的民盟諸大佬（這些人大都有留洋的背景，學富五車，卻目光如豆）。汪文惺對中共的本質看得清清楚楚：「到了政府抗戰的時候，唱高調的人，早已連影都不見，忙著進展自己的勢力，以擁護政府抗戰為名，而其實別有組織，欲推翻政府來分散抗戰的力量。這一種組織倒是騙了盲目和失業的人，一天多似一天的到那裡去，以為唯一的出路就是赤化中國，向蘇聯叩頭。」

汪文惺還在一月十一日的日記中反駁中共《新華日報》發刊詞中「抗日高於一切，一切服從抗日」的說法：「以抗日為名而行離間之實，還在大言欺人，祇要看第八路軍的游而不擊，從一萬多人游出十餘萬人，便知他們的用心以保存實力了。『事實勝於雄辯』，望青年不要盲從，要寧靜觀察，看破他們的陰謀，不受他們的煽動，堅忍的埋頭苦幹，會打出一條民主的出路。」然而，大部分知識青年都受中共蠱惑，甘當中共的炮灰，或在延安整風中像王實味那樣被整肅及殺害，或在中共建政之後的反右運動中慘死於夾邊溝那樣的勞改營，或在文革中像老舍那樣被紅衛兵毒打後絕望地投湖自盡……家破人亡、死於非命，也算是種瓜得瓜、種豆得豆。如果大部分中國的知識青年都能如汪文惺那樣對中共的宣傳術有足夠的免疫力，當代中國的歷史必定不會走入極權主義的死胡同。

汪文惺與父親一樣期盼中國能走向民主自由，但國際和國內局勢卻沿著與他們預期相反的方向直線墜落。日本對美開戰，發動太平洋戰爭，在此大變局之下，汪精衛苦心經營的和平運動頓成水月鏡花。他們擔心的最壞的結果——中共鹹魚翻身、赤化中國——遂一發不可收拾。汪精衛含恨而逝，陳璧君被囚禁而死，汪文惺等汪家後代則紛紛避居香港、海外——唯一值得欣慰的是，他們大都平安且高壽。

若將作為汪精衛的女兒的汪文惺與作為習近平的女兒的習明澤相比，僅以青年時代而論，她們的對照相當鮮明：在半威權體制的中華民國，汪文惺可以自由地讀魯迅等作家的著作，培養起獨立思考能力，也有具備民主自由的基本價值；而習明澤雖然留學美國哈佛大學，卻並未認同美國的民主自由價值，畢業後回到中國，繼續助紂為虐——諷刺的是，習明澤回到中國以後，成了一個其父親習近平陰影下的「隱形人」。媒體上沒有一篇關於她的報道，也找不到一張她成年後的照片（網路上習明澤的照片都是假的），這個中國的「第一公主」與北韓的金家第四代一樣神秘莫測。在此意義上，習明澤是中共極權體制中的一根螺絲釘，也是其犧牲品。習明澤會寫下日記嗎？中共領導人及其家人幾乎沒有寫日記的傳統，因此外界無從知曉他們真實的生活細節及所思所想。

從汪精衛的女兒到毛澤東的女兒再到習近平的女兒，百年來中國的歷史，是一部「倒著走的歷史」。什麼時候，中國的現代化之路才能走出歧途，走進正道呢？

•

余杰，美籍華裔作家，1998年出版處女作《火與冰》，有如魯迅和柏楊般的批判性文字和思想，深深影響了中國一代年輕人。多次入選「最具影響力的百名華人公共知識分子」名單，並獲頒「湯清基督教文藝獎」、「亞洲出版協會最佳評論獎」、「公民勇氣獎」等獎項。在近現代史領域，著有《彷徨英雄路：轉型時代知識分子的心靈史》、《1927：民國之死》、《1927：共和崩潰》等力作。

1 出自汪精衛1939年7月9日發表的〈我對於中日關係之根本觀念及前進目標〉，全文見《汪精衛政治論述》匯校本下冊（台灣：華漢出版，2024年），頁455–460。

引言｜何重嘉

我的母親和她的父親汪精衛

••••••

聽說外間有媽媽的日記時，我起初抱有極大的懷疑，甚至覺得難以置信，因為我知道坊間流傳着許多關於媽媽家族的錯誤訊息，即使是由知名學術機構出版的「日記」，對我家人亦有明顯失實的記載。[1]

但看過全部「佚名日記」的圖片[2]後，我可以肯定的說：這必然是母親的筆跡——工工整整，稍微向右上傾斜，就像她父親的一樣[3]。

媽媽於1937年談及以「寫字作消遣」。這確實是她一生的習慣——幾乎每天早上都會虔誠地書寫，即使到了晚年顫抖的手指已不能寫出合乎她滿意的字，她仍然繼續寫下去。她說，要這樣練，因為「我的字寫得不好」。作為汪精衛的女兒，父親一手秀麗的書法可能令她有所壓力，但我覺得練字也是她一種尋找內心平衡、安寧的方法，正如她在八十多歲時一遍又一遍地抄寫心經一樣。

南京的確曾是媽媽的家，她總以深情地跟我提起她的故居。她也着實曾寫日記，至今我仍保留着她晚年日常記錄，隨着年齡增長和健康惡化，書寫內容才逐漸減短。

在這本1937-1938年的日記中，我不僅認出了她的筆跡，更看到她透過文字表露出來的個性。

媽媽在1937年12月28日那天年滿二十三歲，奇怪的是，這本日記隻字不提，她談論的反而是周遭發生的事情。在南京遭受日本襲擊時，還慶祝生日可能會顯得太過輕浮了。六年後，外祖父的花甲之慶也同樣靜悄悄的渡過[4]。

1938年1月19日，媽媽說杜甫的詩讓她看清楚戰時人民的苦難。母親這本日記的描述充滿了對他人劫難的痛心，讓我看到她戰亂時的感受。

如何令人不痛心疾首呢？

她在日記中不止一次提出這個問題。面對當時國家處境，只有痛心疾首，才足以反映她內心。縱使她在香港被「燈紅酒綠的舞榭歌場」所環繞，母親的思緒卻從未遠離遭遇戰禍的同胞。不論學生還是士兵，民生是她最關注的問題。

我記得媽媽提起被中斷的學業時說過：「哪裡有正經讀書？」她常常跟隨父親奔走各地，甘乃光先生的私人課程因戰爭不得不結束，後來又因病困於家中數月，使她感到難過：

人們一步步的前進，我卻一步步的向後退！

然而，她的關注重點還是放在國家人民上：

全中國失學的青年，又不知多少，比我更痛苦的人更多……

數年後，她父親在一首詩中寫道：

我生失學無所能・不望為釜望為薪・
曾將炊飯作淺譬・所恨未得飽斯民・……[5]

以此回應他三十多年前在〈革命之決心〉[6]一文所表達的情感，父女二人感情可謂同出一轍。

作為一位政治領袖的女兒，面對政治或政府政策帶來的不快，她最關心的還是「無辜的民眾」；祈望的是「老百姓過得更好」，並非要求她自己過得更好。

我不禁想起我外祖父。在他諸多寫作和演講中，都不斷清晰地表達了從事革命、政治四十年一致的動機，都是源於惻隱之心：對人民福利的關切。

外祖父何嘗不是百病纏身？他被槍擊[7]之事雖然廣受報導，但卻鮮少人注意其健康狀況。他不單患有嚴重的糖尿病、肝病，更由此衍生出心臟病、發高燒等問題，不時必須出外接受治療。這個時候，還有人指摘他軟弱、優柔寡斷，寧願退樣，卻又何曾想到他也是一個需要照料健康的「人」？不過，據爸爸的回憶錄，即使外祖父臨終前的日子，無論如何痛苦艱難，他仍保持風度，令人大為觸動。[8]

—

母親的日記不應被視為一位年輕、軟弱女子的哀歌，或是對大眾懇求同情的呼聲。她的文字彰顯着一種強而有力的精神。母親於第一次世界大戰期間出生，是只有六個月大的早產嬰兒，人們不曾預期她能存活下去，但她不但頑強地生存下來，更孕育出浩瀚的力量，不僅深愛着身邊的人，也對整個世界充滿愛。媽媽並無沉湎於悲傷中，而是試圖將她的困難和劣勢，轉化為積極的力量，亦以此激勵自己。

二十三歲生日前兩天，她寫道：

我們應當怎樣的去應付我們的環境，同時改造我們的環境，抓著流轉的一剎那，盡力向社會認識和改造。人生的智慧，須向血淚中尋。

1996年，距離她幾乎活到101歲去世還有十年之際，她在日記中寫下了這些話：

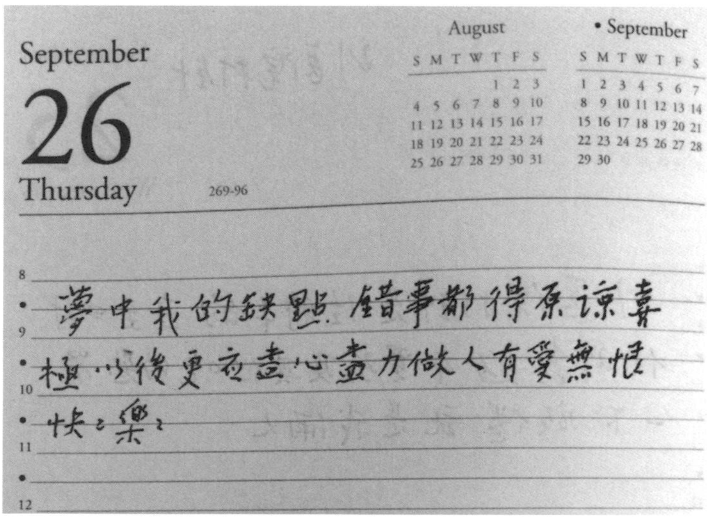

夢中我的缺點、錯事都得原諒，喜極以後更應盡心盡力做人，有愛無恨，快快樂樂。

這就是我的媽媽。正如任何與她親近的人所熟悉的一樣，她有愛無恨的天性，願意以無窮的同理心，將自己的雙臂環繞在他人的苦難中。

—

除了給我一瞥年輕時期媽媽的內心世界和磨難外，這兩萬字還帶來了她爸爸汪精衛的註解。這些日記可能是在學校中斷時作為功課所寫的，由汪精衛擔起教育女兒的責任。在這些手稿上，我們可以看到外祖父即管於國家動盪之時，公務繁忙之際，尚能抽空擔任媽媽的老師，細緻入微地咀嚼着母親每隻字，並予以嘉勉、更正，但大部分時候都是提出改進建議；更為可貴的是，以發人深省及邏輯鮮明的評論或示範，激勵他的學生進一步思考。外祖父當老師的方式是指導，而非強迫教育。

與此同時，在這個時候，他所創作的詩詞比以往任何時期都多，他還完成了留學時期開始翻譯的日語書籍《陽明與禪》；我想，這些「額外的工作」也曾帶給他心靈上的慰藉。

閱讀母親對魯迅的致敬後，外祖父有以下的幾句話：

> 父母之於兒女，見其不是，不能不嚴厲教訓，但必須出之以慈祥，這樣兒女受教，雖然心中不安，卻也體會出父母的慈祥之意，而引以安慰，若一味嚴厲，便有傷天性了。

這番對父母之見解非紙上談兵，他的確實踐了。

日記中的批註有時只有一兩個字，但有時卻有幾頁長，不僅僅是對母親所述的批改，更是外祖父表達自己的觀點和理論。他除授課以外，或許也從母親文字中得到啟發與影響？這本難得一見的日記紀錄了父女間藉文字互訴之心聲，是父親和女兒、老師和學生親密交流的罕有見證。

對於外祖父，坊間有很多言論，但對他真正了解甚少，甚至因爲一個標籤，阻礙世人用理智去深入探討。母親的日記讓我們今日能得以認識汪精衛鮮為人知的一面。

以汪家當年動盪的處境，與今天不可預料的形勢，母親的日記——即使背著「無名」藏匿在南京圖書館中——能在幾乎八十年後倖存下來，簡直是奇蹟。但最令人安慰的是，有人發現了這份珍貴的文獻，並將其帶出蛛網之外。[9]因為他們，「佚名日記」不再是無名氏之作。對此，我永遠心存感激。

這不是我們第一次看到媽媽和她父親之關係，無論母親過錄外祖父批註的《靖節先生集》，還是她在〈回憶汪精衛〉中所述，都能看到這一點，尤其是她憶述自身對成績不滿時：

> 我喃喃低聲說：「我又蠢又懶……」父親輕輕說：「無論你是聰明還是愚蠢，我一樣疼愛你。」[10]

作家余杰和羅葉指出，我母親清楚觀察和描述了共產主義的真實本質，我也衷心希望讀者能夠感受母親的力量。它所散發的，不僅僅是對身邊人的愛，更是對整個世界無止境的愛。我希望這份愛給讀者所帶來的溫暖和舒適，正如她給我蓋上的毯子一樣。

站在我後面媽媽，1969年祖母在海葬時攝

1937年1月18日，媽媽二十二歲時寫:

我們在溫暖的房屋中，知得同胞亦有溫暖的房屋，那才真是溫暖了。

閱讀母親對南京的描述，這座她所愛戀和思念的城市，她稱之為家園，我問自己：我會去南京嗎？而她所描述的南京今天變了怎麼樣的？

—

感謝余杰先生於繁忙中抽出時間，為這本書撰寫精湛的序文，揭示母親日記亮點，也感謝羅葉博士分享他意味深遠的讀後感。要感謝日記研究專家韓鷺先生、歷史學家王克文和許育銘教授，以他們的專業確認批註必然出自外祖父手筆。衷心感謝朱安培先生潤飾本文，他更搜羅、比對諸多報刊資料，對本書各方面的貢獻功不可沒。最後，感謝一眾致力分享和追尋一手史料的人，無論資料是多晦澀不明，仍持續不懈地尋找歷史真相。

•

何重嘉，汪精衛紀念託管會的董事之一。曾經策劃「昆頓·羅斯福的中國：納西族的祖傳疆域」*Quentin Roosevelt's China, Ancestral Realms of the Naxi* 在紐約魯賓藝術博物館 Rubin Museum of Art 的展覽並擔任其書《納西族的祖先世界》Ancestral Realms of the Naxi 的編者之一；也是《文字追蹤》*Trailing the Written Word: The Art of Writing Among China's Ethnic Minorities* 與《東方西洋 —— 一個澳門的旅程》West of the East – A Journey Through Macau, Asia's First and Last Colony 兩書的作者。平面設計師與廣告藝術總監，也是在紐約以保存世界文化遺產為目的非牟利機構的創辦人。美國考古研究所傑出公共服務獎（Archaeological Institute of America's Outstanding Public Service Award, 2016）得主。

1 坊間「日記」有關汪氏家族成員失實之記載，可參看《明報月刊》2019年3月及8月號登載之文章，亦見：https://www.wangjingwei.org/chen-kewen/

2 《汪文悜日記》手稿照片見本書謄錄後。

3 汪文悜筆跡可從其過錄汪精衛批註《靖節先生集》中得見，收錄於《獅口虎橋獄中手稿》（美國：八荒圖書，2024年）。

4 汪精衛花甲之慶詳情見《何孟恆雲煙散憶》（台灣：華漢出版，2024年）章節〈「雙照樓」主人花甲之慶〉。

5 全詩見《汪精衛詩詞彙編》上冊（台灣：華漢出版，2024年），頁122。

6 全文見《汪精衛政治論述》匯校本上冊（台灣：華漢出版，2024年），頁73–77。

7 1935年11月1日，汪精衛在國民黨第四屆六中全體委員會合影後遇刺，詳情見《何孟恆雲煙散憶》第十章〈黨部的狙擊〉。

8 關於汪精衛臨終前在名古屋的詳細記錄，請參看《何孟恆雲煙散憶》第十六章〈星沉〉。

9 見曹天曉〈南京圖書館藏《佚名日記》稿本及其價值考論〉，《圖書館研究與工作》（2023年第1期），頁87–92。

10 全文見《汪精衛生平與理念》（台灣：時報出版，2019年）頁472–473。

《我書如我師：汪文惺日記》讀後｜羅葉

‧‧‧‧‧‧

我是從曹天曉先生之論文《南京圖書館藏「佚名日記」稿本及其價值考論》中，首次得知汪文惺日記的存在，關於此日記之內容、作者、批註者、價值等項，曹先生已有詳細考證，茲不贅述。

此日記最引起我興趣的，是汪精衛父女有關抗戰期間對中國共產黨的一番記錄與評論。汪精衛先生認為共產黨在抗戰中，假抗戰之名以壯大其自身武裝力量，實際上卻是在分散抗戰力量。如日記十二月十三日：

> 到了政府抗戰的時候，唱高調的人，早已連影都不見，忙著進展自己的勢力，以擁護政府抗戰為名，而其實別有組織，欲推翻政府來分散抗戰的力量。這一種組織倒是騙了盲目和失業的人，一天多似一天的到那裡去，以為唯一的出路就是赤化中國，向蘇聯叩頭。唉！完全沒有看到危險，結果不是日本的奴隸就是蘇聯的奴隸。

這裏所謂「唱高調的人」、「這一種組織」，實際上就是指當時已逃往延安安營扎寨的中國共產黨。汪精衛對其女的這個認識深表讚同，但他的認識更加深刻。他在「連影都不見」處批註「只知道在暗中」六字，又於日記書眉處批云：「實在有一部分人是如此。」又1938年1月11日：

> 今天《新華日報》出版發刊詞中說：抗日高於一切，一切服從抗日。』，只要看第八路軍的遊而不擊，從一萬多人遊出十餘萬人，便知他們的用心以保存實力了。『事實勝於雄辯』，望青年

不要盲從，要寧靜觀察，看破他們的陰謀，不受他們的煽動，堅忍的埋頭苦幹，會打出一條民主的出路。

汪氏於此處夾批云：

我所盼望的就是這些青年。

又：

在《新華日報》副刊中「我們的信箱裏……頂需要的，只有工人、農民、店員、兵士、學生……他們所想不到的，所不能解決的問題，都寫出來……」一個工人把他們工廠裏的生活情形，救亡活動，以及他們自己心裡積壓得很久的苦悶和希望，具體寫出來，隱隱藏著階級鬥爭，提起民眾的情感，盡力渲染，以煽起民眾的背叛政府、不滿意生活，殊不知全面抗戰，滿目瘡痍，無數無數的傷兵難民失業還要求改良待遇。現在抗戰還怕不能同心同力，還有分離抗戰的力量，使民眾不知不覺中悞中毒計，使敵人有隙可乘的機會，以迫成民眾的「不愛國」，如何令人不痛心疾首呢？

汪氏於此段日記中夾批云：

階級鬥爭之危險，最大還在互相仇視，由互相仇視而互相鬥爭，則對外力量消耗淨盡了。……提起一部分民眾對於其他部分民眾不同的情感，而盡力的加以刺激，因以煽起民眾的互相仇視，利用其不滿意生活之意緒，以從事於互相鬥爭。……以及失業之人都一時沒有解決，於此而教唆工人等，要求改良待遇，其結果只有因失望而忿恨。

作為當時只有二十來歲的汪文惺，能在日記中如此清醒地認識到彼時共產黨之真是面目，可看作當時社會對共產黨的一種普遍共識。對於共產中國史的認識，中國大陸和台灣兩大華語世界的敘述都不可信。中國的敘述自來帶有一種自神其教的美化；台灣在2000年之前，始終以中華「正朔」自居，政治上失敗者對共產黨的刻意醜化，可信度亦不高。汪氏父女，尤其是汪文惺作為一位當時年輕知識人的敘述，對於廓清迷霧認識中國共產黨在當時的作為，是十分可貴的記錄。

相對於此，汪精衛的認識則更加深刻透徹，即共產黨用偽詐之手段欺騙國人，在暗中壯大自己，甚至破壞團結抗戰。汪精衛從追隨孫中山時期，就遵從孫的「容共」政策。1927年4月5日，汪連同陳獨秀共同發表〈國共兩黨領袖聯合宣言（告兩黨同志書）〉，但當年6月「羅易洩密」事件後，汪便憤而轉為堅決反共，此後終生不渝。上引汪氏1月11日日記中的批語直接痛陳共產黨人為地在民眾間製造階級對立、群體仇恨，這也是中國共產黨在暴力革命過程中以及奪取政權後統治中國的致命法寶。汪氏能在中共奪取中國大陸治權前十餘年就準確地看到這一點，有相當之洞見。汪文惺日記中的這些汪氏批註手跡既是十分私密性的文字，無需考慮加以掩飾，故其表露汪氏思想的真實性毋庸置疑，是探究汪氏思想十分可靠的文獻。

第二個引起我興趣的是從汪精衛同時至本世紀七十餘年間，三位不同學者對汪精衛的評價。這雖然與汪文惺日記的關係不是很緊密，但卻是在閱讀汪文惺的日記過程中生發出來的想法，故亦鋪陳於此。抗戰結束後的數十年間，在台灣的國民政府與中華人民共和國的論述統序中，汪精衛在南京建立的政權，都以「汪逆」或者「汪偽政權」稱之。實際上早在汪氏同時，就頗有對汪之態度不同於國共兩黨之政治立場者，如錢鍾書和陳寅恪，分別於1942年和1944年11月汪氏客逝日本後寫有《題某氏集》和《題雙照樓集》（此詩通行作《阜昌·甲申冬作時臥病成都存仁醫院》，上海古籍出版社《陳寅恪文集》本

《寒柳堂集》未收此詩。謝泳〈陳寅恪詩的標題問題〉對此有解釋，見氏著《陳寅恪晚年詩箋證稿》，台北，秀威資訊科技股份有限公司2019年8月版，頁84），這兩首詩今人在研究汪氏的文章中都有徵引，此不贅述（見余英時《雙照樓詩詞稿序》，香港，天地圖書有限公司2012年4月版卷首）。

值得注意的是，陳詩最早出現是在吳宓的筆下轉述，《吳宓日記》一九四四年十二月十七日：「寅恪口授其所作挽汪精衛（兆銘）詩，命宓錄之，以示公權。」此處之公權即蕭公權（1897-1981），蕭氏是陳寅恪與吳宓共同友人，故陳託吳將其口述之詩轉交蕭。陳何以會選擇將這首未曾留存於其詩集中的七律口述給吳並囑轉交蕭？個中婉曲今日已無從追索，但我們仍可就此「大膽假設」，彼時的知識界學人出於對家國命運前途的關注，無不對於汪氏行文出處有所關注和議論。

蕭公權現存《畫夢詞·劍外吟》卷上有兩首與汪精衛相關之作品，其一為《荷葉杯·感金陵近事傚浣花》詞題下有小註云：「按庚辰春，汪兆銘在南京組偽政府。」[1]在這首《荷葉杯》之後，是另一首《憶舊遊》，此詞小序較長，但同時也是進一步了解蕭氏對汪態度的一份比較有說服力的文獻，茲抄錄如次：「雙照樓有落葉詞曰:「歎護林心事，付與東流，一往淒清。猶作留連意，奈驚飆不管，催化青萍。已分去潮俱渺，回汐又重經。有出水根寒·挐空枝老，同訴飄零。　天心正搖落，算菊芳蘭秀，不是春榮。摵摵蕭蕭裡，要滄桑變了，秋始無聲。伴得落紅東去，流水有餘馨。祇極目煙蕪，寒蛩夜月愁秣陵。」[2]宋王昭儀北行題夷山驛〈滿江紅〉詞中有「問姮娥、相對肯從容，隨圓缺」之句，文文山見之，歎曰：「夫人於此少商量矣！」乃改譜二闋，以「算妾身、不願似天家，金甌缺」為歇拍。今觀雙照此詞，亦有殊少商量之歎，爰取文山改作之意，次韻成篇，以當轉語。」[3]

第一首詞序中「偽政府」三字，第二首詞序則將汪精衛比作隨時俯仰、甘心事敵的南宋宮人王昭儀（同時作者將所作視作對汪氏的「轉語」，顯然是將自已置於「愛國」的文天祥等同之地位），這大概可以概見其對汪氏失節事敵的惋惜與慨歎。這兩首詞皆作於1940年，當時蕭氏正避敵任教於四川，所以他的這種對汪氏的觀感，很大程度上也代表了當時知識分子對汪氏組建南京政權的態度。

但文學創作之「文心」很多時候往往受制於作者所處時代的挾制，所謂「有意的文本」，需要創作出一種符合當時形勢，尤其是政治形勢所需的立場。所以我們不能排除蕭氏在兩首詞的小序中釋放的，就是這種「有意的文本」。譬如1942年錢鍾書在《題某氏集》中稱讚汪氏詩作「掃葉吞花足勝情，鉅公難得此才清」是錢氏「詩心」萌動的肺腑之言，而其詩題遮遮掩掩地題以「某氏」，就是一種「有意的文本」，格於時勢也時隔七十多年，我們再細味蕭氏的兩首致慨汪精衛的詞作，更多讀到的是一種傳統士人對於政治人物個人行文出處的哀歎與惋惜，政治上的指責傾向並不強烈。所以會有這種矛盾，乃在於當時不僅抗戰當前的緊要關頭，力主不惜一戰者大有人在，而認為開戰必敗者，即所謂主和者亦不乏其人。

主和者除汪精衛陣營中人外[4]，就連政治權力圈外的學人如陳寅恪亦對主戰抱持悲觀態度。[5]正是因為當抗戰方殷之際，於國事之和戰立場，官民兩造未嘗統一，故當時不管是錢鍾書或者蕭公權，都在其詩作中對汪氏給予了同情式的概歎。至於陳寅恪詩中的「千秋讀史心難問，一局收枰勝屬誰。」更從史家的高度將對汪氏的歷史定位推向遠離時論的異代，不作刻下定論，實際上則飽含了一份同情。

同樣是〈憶舊遊・落葉〉詞，余英時讀後「這首詞……將當時中國的處境和他謀和的心境十分委婉地表達了出來，而復創造了一種極其「淒清」而又無奈的氣氛。我讀後不但立即體會到「他人有心，予忖度之」的實感，而且對作者的同情心也油然而生。」余英時先生顯然在遠隔時空之後，以史家的理智拋棄了所謂「有意的文本」，他不需要迎合某種政治的正確，所以儘管他在《雙照樓詩詞稿序》中開篇即夫子自道：「政治和藝術必須分別看待，我們不應因為不贊成汪精衛的政治，便將他的藝術也一筆抹殺了。這一觀點我是完全同意的。」但通讀其序文全篇，他始終是以「詩心」與「同情」來閱讀汪氏作品。

這裏值得注意的是，上面蕭公權與余英時在多半個世紀，都特別注意到汪氏的那首〈憶舊遊・落葉〉。這首詞不僅僅如余英時先生所說的那樣，營造出一種淒清冷寂的氛圍，同時我們可以從「解碼」這個角度，細察詞題的「落葉」和收錄在汪氏之《掃葉集》中，在在都給人一種衰颯透涼的寂寞，這種寂寞超越了詞人所處的時空，也超越了文字本身。其複雜的內涵不僅在當代人如蕭公權者處引起共鳴，同時也被隔代如余英時者所注意，我相信如果讀者諸君有興趣的話，細讀之下，也會被其那種複雜沉重的張力所俘獲，至於是什麼感觸，那就因人而異了。

另外，在日記中，汪精衛還與女兒談宗教與藝術（1938年1月18日）、愛（1938年4月2日）、文學（1938年1月22日、4月23日）、學術（1938年1月2日）等。作為有靈性的人，於現世中有某種迫不得已時，常常會將當下個體超拔出來，寄寓到某個理想的歷史人物身上，或者托諸文學藝術宗教學術的超拔世界。前者如屈原、陶淵明、蘇軾，實際上這些被歷代「層壘」地堆疊出來的形象，更多的是後世「不得已者」基於理想人格的附會與投射，並非其人當世的真實面目。後者明顯的例子就是中國文學批評傳統中的「發憤著書」，汪精衛的例子有點像後者，他用詩詞來寄託其心聲，用談論宗教、藝術、學術來求得某種現世的解脫與超拔。

這些保存在日記字裡行間的吉光片羽，幫我們豁然揭開了汪精衛的臉譜化政治形象，明白清楚地從另一個角度眞實地還原了汪氏，或者說豐滿了汪氏的文學和文化性格。汪氏曾經的同盟高宗武這麼評論汪氏其人：「蓋汪偽性情中人也。」[6]從這個角度來看，汪精衛實在是一位被政治耽誤了的文人。汪文惺的日記及其批註中有關文學、藝術、宗教等等印證了這一點。中國歷史上向無文人政府，有之，自汪氏始。

•

羅葉，文學博士，自由學者，現居美國費城。

1 蕭氏此詞全文如次：「休問是誰情薄。花落。枝上綠成陰。不堪重聽白頭吟。塵涴舊瑤琴。　　猶記那回相惱。曾道。從此不相親。而今嫁作別家人。相惱更無因。」

2 蕭氏所錄之汪精衛〈憶舊遊・落葉〉為1939年報章登載的早期版本，下片末二句後來改作「儘歲暮天寒，冰霜追逐千萬程。」全詩見《汪精衛詩詞彙編》上冊（台北：華漢出版，2024年）頁129–130，手稿見下冊284–290。

3 此詞全文如次：「正岸鳴風勁，林靜霜嚴，天遠秋清。漫逐東流去，任辭枝解舞，入水非萍。願得逝波西轉，滄海算曾經。怕劫換紅羊，瀛洲水淺，月桂柯零。　　甘心。助蕭瑟，讓後凋松柏，相異枯榮。歎歸根無日，空弄秋聲。愧殺江洲芳草，紉佩也能馨。剩楓樹凋傷，他鄉淚菊悲少陵。」上引兩首詞俱見蕭公權《畫夢詞》，香港，萬有圖書公司1973年8月第一版。

4 陳公博《汪主和原因》一文簡要臚列了當時南京政府主和的六條理由，其中第一條是基於當時中國的現實困境而發，也是當時很多主和者的立論依據，茲予抄撮如下：「因於軍事已無可為。因無論各地，日人不來則已，來則必取；地不失則已，失則不克復得。且後方壯丁無可抽調。四川每月須出壯丁四萬六千人，各縣均起民變，如新都縣、中江縣等，竟至圍城戕殺專員及縣長。此風蔓延，後方將有變動。雲南其初應允二十萬人，頃出至九萬，已再難出。前方士氣已頹，不能再戰，致不能不亟圖收拾。」（此文手稿原件現藏紐約哥倫比亞大學圖書館稀有文獻收藏部。此處引文據陳公博著、陳幹編《陳公博詩集（增訂本）》附錄五，二〇一三年陳幹自印本，頁141。）

5《吳宓日記》1937年7月14日：「晚飯後，七一八與陳寅恪散步。寅恪謂中國之人，下愚而上詐。此次事變，結果必為屈服。華北與中央皆無志抵抗。且抵抗必亡國，屈服乃上策。保全華南，悉心備戰；將来或可逐漸恢復，至少中國尚可偏安苟存。一戰則全局覆没，而中國永亡矣云云。」（《吳宓日記》北京：三聯，1998年，第6冊，頁168，轉引自余英時《雙照樓詩詞稿序》）

6 1969年9月11日，陳公博之子陳幹在美國和高宗武有一席長談，後來陳將該談話內容發表於《傳記文學》第九十一卷第五期（台北，2007年11月，頁130–132），此處轉引自陳幹編《陳公博詩集·附錄六　與高宗武一席談》，陳幹自印本，頁152。

編輯前言

本會於最近發現署名曹天曉的論文《南京圖書館藏「佚名日記」稿本及其價值考論》，作者認為此「佚名日記」作者即汪精衛之女汪文惺女士。本會多方努力，敦請近代日記研究專家韓鷺先生親赴南京核查該日記原稿[1]，經汪文惺女兒何重嘉女士與多位汪精衛研究專家對該日記手稿字跡及行文背景之反覆比對研究，又加以各種一手資料、報刊查證內容，確認該日記確係汪文惺女士所作，其中批註出自汪精衛先生之手。曹先生文章對該日記的研究結論正確無誤。職是之故，本會邀請韓鷺先生謄錄該日記手稿，並交由本會校訂後正式發表，命名為《我書如我師：汪文惺日記》。

書名摘錄自1910年汪精衛行刺滿清攝政王事敗入獄後，於獄中作〈述懷〉詩[2]，以此表示父女二人如何從讀書與書寫中，彼此交流，受業解惑。1937至1938年正是汪精衛自西安事變返國以後，到發表〈艷電〉期間，至關重要的時刻，日記內容與當時局勢密不可分，作者焦點放在每日的國家大事上，當中紀錄皆有跡可尋，不單報刊上有所報導，當中敘述的人與事，更可與作者丈夫回憶錄《何孟恆雲煙散憶》比照閱讀，是無可置疑的信史。讀者可藉作者視角，了解中日戰爭時期，岌岌可危的國家處境，以及父女間私下坦白真誠之看法。

以下是全書編輯凡例：

一、本書先錄日記完整謄錄文，後附全數手稿，以供對比。

二、日記以日期為標題，標題居中，今照錄。手稿「十一月二十一日」今按內容分作三篇，另手稿「一月二日」次序異常[3]，或因作者抱病緣故，於康復後才補錄，今謄錄文按其日期調前。

三、謄錄文為汪精衛校勘以後之版本，其修訂內容一律**粗體**顯示，批註內容附於正文，並以**粗體**置於方框［］內。部份批註與刪減內容有關，以註釋說明。

四、日記後半段作者摘錄魯迅《傷逝》文字，與正式刊行版本略有差異，今文按日記照錄。

五、原稿本部分文字標有專名線，今照錄。

六、書末按日記提及的先後次序收錄相關的民國報刊，比讀者雙互參照，並進一步印證本書為真真正正的日記。

1 日記原本為線裝一册，不分卷，無格宣纸，封面赭色，今藏南京圖書館，著錄為「佚名日記」。日記原稿正文為鋼筆手寫字體，批註為毛筆行草字體，批註者為作者之父汪精衛。

2 全詩請參看《汪精衛詩詞彙編》上冊頁20，手稿見下冊頁34。

3 手稿「一月二日」內容排在「一月二十三日」之後，見本書頁82。

汪文惺日記

十一月十五日

敵機來了[1]，站在地窖下太久，悶得發急，偷偷跑出地窖的洞口，仰望着蔚藍色的天空，沒有一點聲音，遠近起伏的山坡，**烘托着**一片紅葉，**在秋色中，恬靜安閒**，誰也想不到在敵機轟炸中，還有這樣和平的氣氛。**［這一段寫得極好］**

警報解除後，在小房間剪髮，一面看着新買來魯彥著的《野火》[2]，正看得出神，他們說甘先生[3]來了，駭得我一跳，才記得今天開始上課。急急忙忙跑出去，拿了幾本國文評註，《經史百家雜鈔》給甘先生選。他說：「我教書用不着這些。」**倒**弄得我不知如何是好。幸**而**甘先生教了我新的讀書方法：

（一）看雜誌不分性質將好的句子抄下。

（二）將全篇撮要，或者寫下讀後的雜感。隨着自己意思寫，沒有一定的格式。**［是好方法，寫得很清楚］**

（三）字要寫得齊整清楚。

以後不論何時何地，應依着這讀書方法來做，有先生指導更好，不然，自己自修，亦有一個指南。

我悵惘着，在炮火之下，能享受幾天安閒的讀書生活。**［結得有味］**

1 11月15日下午一時三刻，日本十餘架戰機空襲南京，相關報刊見本書頁140。

2 魯彥（1901—1944）原名王衡，字返我，後改名王忘我，浙江鎮海人，是現代小說家、翻譯家。著有長篇小說《野火》，又名《憤怒的鄉村》，主要描繪戰爭時期的農民生活和社會現實，揭示農民遭受壓迫的苦況。

3 甘乃光（1897–1956）廣西岑溪人，字自明。廣州嶺南大學政治經濟系畢業，1924年任黃埔軍校英文秘書兼政治教官，1926年1月當選國民黨中央執行委員，先後任國民黨青年部長、農民部長，其著有《先秦經濟思想史》，譯有《美國政黨史》等書。

與父母、妹妹同影

十一月十六日

甘先生打電話來說，時局**嚴重**[1]**［緊張二字還不夠］**，要離開南京，不能再上課了。於是衹教了一天的先生，便不能再繼續下去，固然，令我難過，然而，全中國失學的青年，又不知多少，比我更痛苦的人更多，衹要隨時看書自修，鞭策自己，亦未嘗不是求學的途徑。

1 汪文惺原文以「緊張」形容，手稿見本書頁62。

十一月二十一日

離開南京整整的一個月了。這一個月中，一直沒有安定，日記也斷續不全，剩下些零星的記憶，將最重要的幾天，作概括的敘述吧。[1]

十一月廿一晚，離開我們的家，離開淹留了五年的南京。祇要閉着眼想想，一切城上的頹垣，玄武湖的畫艇，紫金山的落日，還有陵園的柳堤桃岸，靈谷寺的大樹紅葉，難道轉眼間便淪入夷手，我們何日重來，是否還是舊日的山河！[2]

1 寫於十二月下旬，今據原稿內容分作三篇日記，手稿見本書頁63。

2 關於汪精衛一家自南京西遷漢口的經過詳情，請參看作者丈夫，汪精衛女婿何孟恆回憶錄《何孟恆雲煙散憶》第十三章〈西行〉，相關報導見本書頁141。

十一月二十九日

十一月廿九日，無錫失守[1]，數十萬的生靈，工業的市鎮，便陷入敵手，再看不見我們的國旗飄揚，換了敵人的國旗了。

還記得在教育學院念書[2]的時候，每天早上五時半，全體教職員學生到操場行升旗禮，佇立致敬，隨着軍樂漸漸升高，望著飄揚的國旗，常常增加無限的悲懷壯志。一二八國恥紀念日[3]，慘然下了半旗，淚一直由面頰滾落，還怕同學見了，連忙舉手拭抹，那知滿面淚痕的同學，亦忙着拭乾。同樣的情感，同樣的悲懷，亦可以同時共流清淚。現在再不能相聚，更不能像從前在教育學院時對國旗致敬了。**［這一段寫得哀婉深切］**

---

1 關於無錫失守之報道，見本書頁142。

2 1936年汪文惺入讀無錫江蘇省立教育學院的鄉村教育學系，並曾於暑假期間與未來丈夫何孟恆到湖南省辰溪考察土地是否適合種植桐油，詳細見《何孟恆雲煙散憶》，頁152。

3 即一二八淞滬抗戰，1932年1月28日，日本突然發動軍隊攻擊上海，軍隊一路向西占領淞滬鐵路防線，在天通庵車站遇到上海第十九路軍抵抗，一二八事變爆發。

十二月十三日

十二月十三日，「南京淪陷 我軍完全撤退」[1]，斗大的字，閃進我的眼簾，南京不是我們所有的了。**［點句往往忽畧］**

在這一次戰爭**以前，似乎**沒有**把**我們的力量，和敵人的力量，**估計清楚，**即所謂不知己不知彼，如何可以不敗。**況且**受着其他外力的挑撥，**以主戰為能事**。到了政府抗戰的時候，唱高調的人，早已連影都不見，**只知道在暗中**忙着進展自己的勢力，以擁護政府抗戰為名，而**其實別有**組織，**欲推翻**政府來分散抗戰的力量。這一種組織**倒**是騙了盲目，和失業的人一天多似一天的到那裡去，**以為**唯一的出路就是赤化中國，向蘇聯叩頭。唉！完全沒有看到危險，結果不是日本的奴隸就是蘇聯的奴隸。**［實在有一部分人是如此。］**「前門拒虎後門進狼」還以為救了中國嗎？不能樹立民主的政治在中國的領土嗎？

---

1 關於南京淪陷之報道，見本書頁143。

十二月二十三日

自從十四日，日本轟炸美艦及英國**商**船後[1]，國際輿論**雖然**漸見強硬，**然而兩國政府仍是各**為本身利害**打算**，沒有**在**行動上**表現反抗，只提出所謂抗議，這等抗議，如果有效，日本也不會這樣的無忌憚了**。所以，最短期間，中國不能倚賴國際上立刻有實際的援助，而過於樂觀。[2]

唐先生[3]今天來吃晚飯，我們亦可以知得南京陷落的情形。據說：退兵時，士兵互相踐踏，由海軍部到挹江門，尸首推積五尺多高，江**上**浮滿敗兵，呼號求救之聲不絕，**悲**不可言慘不忍睹。這次南京**之**不能守，亦是意中事，但絕對沒有**想**到如此慘。若然兩軍相對戰鬥而死，是很值得的。自己互相擠擁踐踏而死，未免太**無代價了**，犧牲不是這樣的。［**此段議論正確**］我們聽後黯然，唐先生亦很難過，便回去了。窗外濛濛細雨，馬路上顯得格外的靜，偶然車輛**駛**過，幾聲慘切**的**嗚笛，在雨聲中**徐徐的**消逝了。［**細緻**］所留下的一胸情緒，不**住**的起伏。南京淪陷**時候**，踐踏死亡的士兵，和無數無家可歸的難民，凝望著火煙**籠罩**[4]着自己的家，是如何慘痛。［**火煙不能說是轟炸，或者改做「炮火轟炸後黑煙籠罩着」亦可**］他們已經**犧牲**了一切，我們應該安置他們，使他們生活下去，作更有力量的準備，再建設一個新的家，新的後備軍，**以擔負**復興的使命。

如何可以不使他們白白的犧牲？我們繼續下去，奪回已失的土地，從新建設一個新的中國，成為強盛的國家，那麼為國死亡流離的同胞，亦可以安慰吧。驟然，窗開了，冷風透骨的吹在面**頰**上，雨點冰涼，洒滿了一身，**朦**朧

燈影下，一隊士兵沈重的脚步，踏上濕漉漉的馬路上，一切仍然靜寂，雨還是飄下。［寫得好］

1 相關報道見本書頁144。

2 關於汪文惺原文，汪精衛批註：「此數語有些與事實不符，須看改處。」手稿見本書頁66。

3 唐孟瀟（1889–1970），名生智，1937年11月，日軍進攻南京時，他力主死守，主動出任首都衛戍司令長官。他聲稱要與首都共存亡，下令封鎖南京通往江北的線路，扣留渡船。

4 汪文惺原文為「轟炸」，手稿見本書頁67。

十二月二十七日

杭州、濟南相繼失陷。[1]濟南失守的時候，我國死亡的士兵不過一百餘人，便將重要**的**都會，輕輕送入敵人的手。最可慘**的**，民眾手無寸鐵，給敵人屠殺。這一種的慘酷，是誰弄到如此地步呢？既然**下了決心，寧可**將全城**煨燼**，那麼，為何不戰而退，這一點確不解。**而且既已決定不戰而退**，則又**何以**燒盡**日本人在**青島的產業[2]**，似此，**徒然惹起敵人的仇恨，**屠殺**民眾以**洩**忿，**試問何以對人民呢？［拿破崙攻俄國時，俄將莫斯科煨燼，以困拿破崙，是有計畫的。沒有計畫，便不能如此做法。］須知道**，無抵抗力的**人民除了給敵人屠殺之外，有何辦法，不然，便陷於所謂「順民」了。可憐在敵人佔領地的人民，結果**祇有兩條路：一條**是**青年反抗，不甘作奴隸而給敵人殘殺，例如南京民眾之被殺。還有一條**便是**戰戰兢兢，低頭作了順民。這是他們的罪過嗎？說他們不愛國嗎？**［順民有兩種，一種是甘心降敵的，一種是因為沒有抵抗力而受制於敵的。可憐大多數的人，是屬於後者，應該設法聯絡，以期拯拔他們出來。］還有一層，日本若肆行屠殺，還只是留一個恐怖的影子，若改用懷柔方法**，得城以後立刻通告安民，不准搶掠，不施殘殺，則**其麻醉作用較之屠殺，更為厲害，**豈不是亡國滅種就在眼前，哀莫大於心死，那時再省悟就太遲了。**［此是可能，但不忍說，不如說含蓄些］**

假使決心與城共存亡，雖剩一兵一**彈**，決不放棄，與民共甘苦，雖城化**灰**燼，人民一定不會悔恨的，而且盡力抵抗。**［此是正確見解］**現在事前沒有逃難的去處，來安置他們，**臨事則帶兵先走，撇下他們**，給敵人宰割，豈不是我們親手殺了他們，能怪他們離叛我們麼。要是**決定不守城**，應當先有準備，使民眾疏散，不要**天天**在報上愚民，兵力如何鞏固，力量**如何**宏厚，可以守多少天，結果人民上當，最慘重的犧牲**仍**在民眾的身上！還加上「叛逆、順、民」，這樣太沒有公道了，太對不起信仰我們政府的同胞了。**［此段沈痛透切，俄國焚毀莫斯科時，先叫人民走開，然後軍隊走開，敵人入城之後，方纔縱火，這是一定的次序，斷沒有軍隊先走，撇下人民的道理。］**

---

1 相關報道見本書頁145。

2 蔣介石電令炸毀青島日本紗廠區，相關報道見本書頁146。

十二月二十九日

報載沈鴻烈[1]說「願先吾民而死，不願後吾民而生。」[2]令人振奮，唯願成事實，不作紙上文章以欺民眾，則沈市長之精神常在民眾之心坎，永為人敬仰，不失為愛國愛民之市長矣。**［此段雖短，而詞簡意明，立論正大。］**

［總評：綜合幾篇看來，敘情寫景均好，論事則尚未能完全達意。］

1 沈鴻烈（1882–1969），字成章，湖北天門人，曾任海軍上將總司令，1931年九一八事變後，率所屬艦隊移駐青島並擔任青島特別市市長。

2 沈鴻烈發表〈告民眾書〉之報導見本書頁147。

一月二日

中國近代之積弱不振，奄奄待斃者[1]實為「知之非艱，行之惟艱」一說之所誤也。

夫日本維新，不求知而便行，中國變法，則非先知不肯行，及既知也，猶畏難而不敢行，則天下事，無可為者矣。孫先生所以黽勉於發明行易知難之理者，蓋以此為救中國之道也。[2]［**知非易事，非行不能知，惟其不力行，所以不能得真知灼見也。**］

欲求真知，必由於科學之方法，在應用上「尊重事實，尊重證據」，簡言之，不過為：「大膽之假設，小心之求證而已」。歐洲學術之進步，一日千里者，由於改革精神、科學發達也。欲將中國建設為世界最文明進步之國家，端賴於此。［**此段扼要。**］故胡適之《治學的方法與材料》[3]中大聲疾呼，勸有志於學問之青年，**於注意方法之外，尤須注意材料，所謂材料，文字之外，實物尤重要，必如是將能產生科學。**［**科學有自然科學與社會科學二種，自然科學如天文、地理、生物等是也。社會科學如政治、經濟等是也。然對象雖不同，而其方法則無不同，即上文所謂「尊重事實，尊重證據」是也。西洋自然科學發達之時，社會科學亦同時發達。中國同時只有少數學者如戴震等，能用科學的方法，以治社會之學。而自然科學，則無人顧及。且即以社會之學而論，如戴震[4]者亦極少數，此科學之所以不振也。西洋亦有治社會科學者，祇係以科學方法，不必治自然科學者始為科學也。至材料亦非自然科學始用之，社會科學亦重文字與實地調查。**］

中國三百年之學術，其最有成**績**之人，如：錢大昕[5]、戴震、崔述[6]、王念孫[7]、王引之[8]、嚴可均[9]等，**其治學方法，雖合乎科學，然其材料限於文字，專向故紙堆中鑽研，故其所成就者**，只不過文字之學術，三百年之光明，只不過故紙堆之火焰而已。回顧三百年之西洋學術歷史中，（一六〇九）意大利之葛利略[10]發明望遠鏡，發現木星之光態，月球上之山谷。二三十年後，荷蘭磨鏡匠，名李文厚[11]，以自製之顯微鏡，觀察各微細之東西，乃於簷前滴水發現微生物，鼻涕中及痰吐亦有微生物之發見，於是微菌學從此開始。此時正顧炎武[12]之《音學五書》成書之時，閻若璩[13]之《古文尚書辨證》，尚在著作中。

從望遠鏡，發見新象，顯微鏡，**發**見微菌，祇五六十年之間，產生科學文明之創造者矣。

由此可知，中國近世學術與西洋學術之分劃，都在幾十年中定局，在中國方面，除宋應星之《天工開物》一部奇書之外，均為紙上學問[14]。**縱使得有**進步，然而終久紙上之工夫。西洋學術於幾十年中，便已走上自然科學之大路上矣。

以三百年之第一流聰明才智，銷磨於故紙堆中，仍無大好成**績**，於人類文明。若改**故紙堆之鑽研，而為實物之試驗**，以試驗室內所得之成**績**，**貢獻於世，則其效果必不止此**。科學分為自然科學，與社會科學二種，以性之所近，興味相投而研究之，力求真知實見，以改造社會，為人類謀幸福，則與列強並駕齊驅，亦非理想之謬論也。

［此課係賅括胡適之所著《治學的方法與材料》，惟須有注意者，所謂方法，即所舉「尊重事實尊重證據」與「大膽之假設小心之求證」也。所謂

材料，則（一）文字（二）實物也。戴震諸人，雖能用科學方法，然其材料限於文字，而不知以實物為材料，所以只能產生樸學（所謂樸學者，亦社會科學範圍內事，然尚不得謂之社會科學。何則，社會科學，如政治經濟等，亦不只以文字為材料，而須有社會之真實調查也。若只以文字為材料，則不能產生社會科學矣。）同時西洋學者之治學，既能用科學方法，又能以文字及實物為材料。其結果自然科學產生發達，而社會科學亦隨之發達。以自然科學而論，實物材料居多，而文字材料亦不可廢，因文字為思想表現也。以社會科學而論，文字材料居多，而實物材料亦不可廢，因調查考察實在情形，不能專靠文字也。胡適之慮學者只重文字，不重實物，材料缺乏，自然科學、社會科學皆不能發達，故於此鄭重說明。此課賅括方法方面甚詳明，而材料方面則有忽略，故補之如右。]

[不但政治經濟，即文學亦須調查社會情形，始能得其真實。]

[適之此文，論治學之方法與材料，是矣。至於論五六十年來之中國學術失敗之原因，則有未盡是者。其最錯誤之點，莫如「從八股到古音之考證」一句，八股廢於一六六四年，復於一六六九年，不過數年耳。滿洲入據中國二百六十餘年，其中二百五十餘年皆以八股取士也。士於四萬萬人中已為少數，而此少數之士，又十分之九以上，沈溺於八股，科學安有可望乎？學術失敗，原因在此，不在顧亭林諸人也。]

1 汪文惺原文用了「何則」作轉折，汪精衛批註：「『何則』二字不是如此用法，上句斷案，下句說明，則用『何則』。例如：殺人者必治其罪，何則？法律禁人之戕賊人也。」手稿見本書頁82。

2 出自孫中山《建國方略》第五章〈知行總論〉。

3 全文見《新月》1928年第1卷第9號。

4 戴震（1724－1777），字東源、慎修，安徽休寧人，中國清代語言學家、思想家，在文字、聲韻、訓詁、名物、典制、數學、天文、地理以及哲學方面皆有研究。

5 錢大昕（1728–1804），字曉徵，號辛楣，又號竹汀，為清代乾嘉時期史學家，在金石學、譜諜學、文字學、音韻學、避諱學、天文曆算學、地理學、文學等都有相當的貢獻與研究成果。

6 崔述（1740–1816），字武承，號東壁，清代考據學家，致力於以經證史的原則研究上古史。

7 王念孫（1744–1832），字懷祖，號石臞，江蘇高郵州人，清代樸學代表人物，其於經學、子學、小學方面皆有成就。

8 王引之（1766–1834）字伯申，號曼卿，江蘇高郵州人，清代學者。承繼其父王念孫之學術，代表著作有《經義述聞》

9 嚴可均（1762–1843），字景文，號鐵橋，清浙江烏程人，清代學者，官至嚴州建德縣教諭，著有《說文校議》、《說文聲類》、《鐵橋漫稿》等書。

10 即伽利略（Galileo Galilei，1564–1642）。

11 即列文虎克（Antony van Leeuwenhoek，1632–1723），荷蘭顯微鏡學家、微生物學的開拓者，被譽為「微生物學之父」。

12 顧炎武（1613–1682）原名絳，字忠清，江蘇崑山人，明亡後改名炎武，字寧人，乃明末清初著名學者。

13 閻若璩（1636–1704）字百詩，號潛邱居士，山西太原人，清代著名考據學家，著書十餘種，以經學、歷史、地理專著最多，其中又以《尚書古文疏證》最為著名。

14 汪文惺原文有：「從八股到古音之考證」，乃錄自胡適一文，汪精衛批註：「一六六四年廢八股，一六六七年顧亭林的《音學五書》成，可以說是從八股到古音考證，但一六六九年復八股。所以必須將年表列出，然後此句始有着落，不然，不如刪去。並須注意，顧亭林畢生治學，並不以廢八股而始進步，亦不以復八股而有退步也。顧亭林著《天下郡國利病書》時，周行天下，載書以從，每至一處，周曆山川，考察風俗，與書不合者，參考而辯證之。其方法與材料，皆合於科學，然其時自然科學未興，所以社會科學亦無所得以為資，此則又不能專責顧亭林一人矣。」手稿見本書頁84–85。

一月十一日

從二日起便得着感冒，骨痛發熱，一連好幾天，還覺得疲倦懶動，常常仍踡伏床上躺着。今天覺得精神回復，便拿紙筆寫寫字消遣。約十時半，忽然警報，我們一起到銀行，街上的人萬分擠擁。很多婦女一手抱着嬰兒一手挽着幾個小孩，**頭髮亂蓬蓬的**，倉倉惶惶，跟着人走，簡直不知如何是好。**［這一段寫得情景逼真］**老婦哭喪**着**面，和兒孫一起，兒孫到是像看熱鬧，城隍出遊一樣的高興彩烈，又多笑嘻嘻的，常常給大人厲聲責罵，滿街滿巷吵鬧的聲音，車馬亂行，鳴笛叫得令人發火。這便是武漢警報時的情形，警報解除又是一翻擠擁吵鬧，也許帶了一些從死裏逃生的喜悅而已，別的沒有兩樣。

今天《新華日報》出版，發刊詞中說：「抗日高於一切，一切服從抗日。」[1]以抗日為名而行離間之實，還在大言欺人，衹要看第八路軍的游而不擊，從一萬多人游出十餘萬人，便知他們的用心，以保存實力了。「事實勝於雄辯」，望青年不**要**盲從，要寧靜觀察，看破他們的陰謀，不受他們的煽動，堅忍的埋頭苦幹，會打出一條民主的出路。**［我所盼望的就是這些青年］**

在《新華日報》副刊中，「我們的信箱裏……『頂需要的，只有工人、農民、店員、兵士、學生……他們所想不到的，所不能解決的問題，都寫出來……』『……一個工人把他們工廠裏的生活情形，救亡活動，以及他們自己心裡積壓得很久的苦悶和希望，具體寫出來」[2]，隱隱藏着階級鬥爭，提起一**部分**民眾**對於其他部分民眾不同的情感而盡力的加以刺激，因**以煽起民眾**互相仇視，利用其**不滿意生活之**意緒，以從事於互相鬥爭**，殊不知全面抗戰，滿目瘡痍，**無數**的傷兵難民**以及**失業**之人，都一時沒有解決，於此而教唆工人等，**要求改良待遇，**其結果只有因失望而忿恨**。現在抗戰**最**怕**的是**不能同心同力，**如果**還有分離抗戰的力量**存在**，使民眾不知不覺中悞中毒計，**給**敵人**以**有隙可乘的機會，以迫成民眾的「不愛國」，如何令人不痛心疾首呢？**［階級鬥爭之危險，最大還在互相仇視，由互相仇視而互相鬥爭，則對外力量消耗淨盡了。］**

1 《新華日報》發刊詞全文見本書頁148。

2 《新華日報》副刊全文見本書頁149。

一月十二日

近日聽來的消息，大令人傷心**短**氣[1]了。自從我軍在上海激烈的與敵苦戰了三**個**月，以後便如潮退，蘇州、無錫、南京相繼失陷，最近濟南、青島，幾乎無抵抗的被佔領了。

報上載着日軍佔領以後的獸行，奸淫擄掠，無所不為，南京的難民區、**上海的難民**，給他們宰割，最近杭州……我們親愛的同胞受此浩劫！

最近更痛心、不忍提，而不能不提的就是，散兵、土匪、地痞，我們的同胞而行敵人奸淫擄掠的獸行。這一種痛心、怨**憤**，使民眾見了軍隊就含恨畏懼，沒有辦法能使軍民結合的。在抗戰期中，最重要的就是軍民合作，民眾就是軍隊的後盾，就是抗戰時的基本力量，前仆後繼，才能持久，**才**能獲得最後之勝利。反之，沒有後方的準備，沒有基本的力量，如何能獲得最後的勝利！**［明白透切］**

在抗戰中最應注意，亦可以說國家興**亡**在此一點，就是「軍民合作」，我以為最少要有以下兩點：

一、軍隊要有紀律，尤其現在的游擊隊，**必要做到**「凍死不拆屋，餓死不擄掠」。

二、民眾要有訓練，能生產的，才是健全有力的良好民眾，和軍隊合作，**是**樂從**的，是負**責任的。**［最為扼要］**[2]

這樣才能人盡其才，物盡其用，每人負起國家興亡的責任，抱必死的決心，求最後的勝利，將散沙成為鐵石，成為堅牢不破的**壁**壘，才能說全民**抗戰**，才能說以四萬萬五千萬同胞共赴國難，挽救國家危亡，求民族的生存而奮鬥。要這樣，我敢說中國不亡，中國是決不能亡的國家。［**沈着堅定**］

---

1 汪文惺原文為「餧氣」，汪精衛改作「短氣」，並批註：「餧：以飲食餧人也。餒：衰竭也。」手稿見本書頁72。

2 汪精衛於1月12日發表文章〈如何使用民力〉，內容談及當時最為人稱道的焦土戰和游擊戰，而游擊戰所需要的就是軍民合作，全文請參看《汪精衛政治論述》匯校本中冊頁392–395。相關報道見本書頁150。

一月十七日

倭方聲明書發表之後，所謂對華態度，就是：「日本政府不以國民政府為對手」[1]。即**事實上**和中國斷絕邦交，無和平的希望。本來和平亦沒有保障，現在我們祗有長期抗戰，愈是持久，敵人愈消耗，前途不見得悲觀。

---

1 日本於1月16日正式發表聲明書，相關報道見本書頁151。

一月十八日

天主教堂舉行彌撒追悼陣亡將士及死難平民。[1]

胸中充滿了好奇，和沒有入過教堂，便懇求十一姑丈[2]帶我同去。

天氣陰鬱，濛濛細雨，呈着苦悶的**狀態**。教堂門口設有簽名簿，和**站着**幾個童子軍，手持黑紗，替我們帶上，**來的**人很多，有秩序的出進，教堂**裏布**滿了花圈**和輓**聯，一種淒涼**而又**莊嚴**的氣象**，延漫了整個教堂，和每個人的心坎裏。**［這一段敍得好］**靜靜的坐下，不一會，人滿了，主教和教士隨着聖歌行上教壇前，朗誦拉丁經文，一面持著金質**的**瓶**子**，灑香粉。一會兒跪下，一會兒站起，我們亦隨着站起坐落，莫明其妙的**人云亦云**[3]。雖然覺得這種儀式沒有意義，可是既然到了教堂，便應該依着**人家的**禮節去做。

最後主教講**用**拉丁文**講演**，語調中淒婉動人，**雖然**不懂他說的甚麼，也覺得感動和莊嚴。教堂**裏**的畫像**，映着**一盞明燈**，所畫的，是**關於耶穌聖母和殉教先烈的**歷史**，畫得很好，不像**我們的**孔子像，死板板**的，**毫沒有精神的表現。[4]而**且畫裏面，**蘊藏**着**宗教高崇的意味，能代表**出**宗教的精神，怪不得十一姑丈從前對我說：「宗教**借**着藝術來發展，因此音樂、畫像、建築都包含了**宗教**的傳播，若然宗教沒有藝術來輔助，一定不能有如此的發展。」**［據美術家說，我們古代的畫像，注重衣服，而西洋的卻注重面部表情，這話真正不錯。］**

從前宗教的力量真大，以十字軍為例，**拿**無窮的鮮血來換取宗教的認識，這一種力量為甚麼有這樣大呢？孫先生曾經說過：「主義就是一種思想，一種信仰，一種力量。」[5]宗教雖然不能絕對說是主義，可是：一種思想，產生信仰，發生力量，總可以說的。**［宗教可以說是一種主義，沒有那一種宗教是沒有主義的。至於主戰之好壞，另是一問題。］**

十六世紀時，教皇統御歐洲，**各國國王**都要俯首聽命，其力量之大，由此可知。

新舊教徒間，最後一次的大衝突，就是十七世紀初半期，在日耳曼境中所舉行的「三十年戰爭」（一六一八年——一六四八年）。當三十年戰爭正在進行的時候，歐洲西部亦有一部分人，埋頭**於**實驗室中，專心致志的從事於科學的研究，他們研究所得的結果，竟把我們的世界完全改造。他們的力量**比起宗教，**不知要大多少倍**［此一段說理明白敘事清楚］**，所以我們對於這少數的學者，念念不忘，加以崇拜。這一班學者，所以能夠改造世界，就是因為他們能夠用一種新方法，去研究宇宙中的事物，他們以為要謀學術的進步，必須親自動手去實驗，加以思維，和調查，然**後尋**出自然的定律。這種方法，就是我們現在所謂科學的方法。用這種新方法，得來的結果，就是我們現在所謂新科學。

從此以後，歐洲學術的進步，一日千里，因此並產出一種改革的精神，對於科學的信念益堅。而宗教「神學」的迷信，**已**成過去，力量亦隨之而減少，漸趨於消滅。**［此是正論］**

1 漢口天主教堂舉行彌撒禮之報道，見本書頁152。

2 曾仲鳴（1896–1939），福州侯官（今閩侯）人。曾醒之幼弟，方君璧之夫，鑑於方氏排行第十一，故子侄輩稱曾氏為十一姑丈。早年留學法國，後於1925年回國。汪精衛在廣州當選國民政府之常務委員兼主席之後，曾被任命為秘書，之後便和汪精衛成患難之交。1938年因汪蔣對日戰事態度不同而隨汪移至河內，同年為軍統特務所傷，不治去世，河內暗殺經過詳細見《何孟恆雲煙散憶》第十五章〈兇殺〉。

3 汪精衛評汪文惺原句：「『跟着』與『隨著』重複，不如換一句現成的老話。」手稿見本書頁76。

4 數年以後，汪文惺拜入中國現代繪畫大師吳湖帆弟子吳道鄰門下，並繪畫出十一面觀音象，詳細見《何孟恆雲煙散憶》〈「雙照樓」主人花甲之慶〉。

5 出自孫中山於1924年1月27日在國立廣東高等師範學校禮堂演講之〈民族主義〉。

莫干山雪地上

一月十九日

早上起來一片照眼的白雪，使整個宇宙變成玉宇瓊樓，一切變成純潔莊嚴。窗外雪花一朵朵的印在玻璃上，幻作美麗的花紋。［**各課以此一課為做得最好，敍事既明潔，說理又清真也。**］從花紋下望，赤足的黃包車夫，踐踏着冰雪，沒命的奔，為着生活，為着一家老幼，不惜**在**冰雪中奔馳，以求溫暖一家，令我們感佩他們的努力。祇是我們同胞生活水準太低了，望青年們盡力改進社會，以提高生活的水準。那麼，冬天人人有綿衣、鞋襪，和小小溫暖的家，工作的人們，一天**辛辛苦苦**，在放工之後，和一家團敍，談談工作，談談兒女，於是**一日的**疲勞洗淨了，明天又快樂的上工。［**此種觀念，為社會科學之基礎，所謂人同此心心同此理也。至於如何始能實現，則社會主義社會政策條理萬端，屬於方法問題，有待於終身研究矣。**］

正如杜甫詩中「安得廣廈千萬間，大庇天下寒士俱歡顏。」那麼，我們在溫暖的房屋中，知得同胞亦有溫暖的房屋，那才真是溫暖了。［**語簡而意沈，真摯動人**］

一月二十二日

我常常像野馬一樣的不安定，拿起課本，半天也看不進一個字，坐着無聊，翻開書箱，找出詩詞溫習，亦很容易消磨時間，並且略略得點益處。**［詩詞偏於情感部分**[1]**，若欲尋出方法，以有益社會，則有待於理智，而科學之研究，為必要矣。］**

陶淵明的詩中，有《讀山海經》一首：「孟夏草木長，繞屋樹扶疏。眾鳥欣有託，吾亦愛吾廬。既耕亦已種，時還讀我書。……」其清秀淡泊，可以代表作者的志節，讀之心胸恬靜。**［此詩不但清秀淡泊，而且具有博愛、自由、平等的精神，以及人類社會最崇高、最純潔的理想。］**[2]

李白詩，飄飄欲仙，有出塵之想，瀟灑飄逸，如入仙境。

杜甫之詩，讀之心酸喉梗。以《石壕吏》為例，寫一天晚上，一個遠行客，在一個人家寄宿，偷聽得一個捉差的公人，同一個老太婆的談話。寥寥一百二十個字，把那個時代的徵兵制度、戰禍、民生痛苦，都一齊描寫出來了。內戰頻繁，人民流離顛沛，一一寫出，如《北征》、《羌村》、《潼關吏》、《垂老別》、《兵車行》等等，滿了人民的血淚哀號，不忍卒讀。以前沒有想到戰爭是如何的痛苦，現在覺得杜甫所寫的，就是我們目擊的慘狀，加以機械化、化學的戰爭，比往日更慘酷萬倍。幸而我們的戰爭，是為民族生存而鬥爭，每人具有為國犧牲的精神，因此，更慘重的犧牲亦所不計了。**［詩家以李杜並稱，而各有好處。李白詩是超社會的，使人心神得所安慰，如音樂中**

之怡情悅性者也。杜甫詩是入社會的，大聲疾呼，揭出社會之無窮罪惡，無窮不平，如音樂中之激昂慷慨，奮人志氣，堅人心性者也。二者在詩中皆極有價值，而才力各就其性之所近，而有不同。]

1 汪精衛於1930–1931年在《南華日報》連載「南社詩話」，當中述及詩詞何以振作民族士氣，詳細請參看《汪精衛南社詩話》增訂本（台北：華漢出版，2024年）。

2 汪精衛於「南社詩話」中亦曾論及陶淵明詩，詳細請參看《汪精衛南社詩話》增訂本第三十四則。汪氏又與龍榆生批註《靖節先生集》，留下二人讀陶詩的感悟，詳細見《獅口虎橋獄中手稿》冊一。

一月二十三日

穿了一身男裝，跟著琦哥[1]**一行**人**等**，去聽爸爸對**湖北**鄉政**幹部**人員訓練班演講，每人聽到「不戰而焦土的結果人民衹有死……」，慘然長吁。隱隱滿眼無告的民眾，自殺、投河、餓死、給敵人殘殺，婦孺不能倖免。……演講中說明各國對中國的態度，和現在戰**爭**情形，說明游擊戰的利弊，焦土戰的意義，和鄉**政**人員今後應有的努力。大意如此，全文報載詳細，已剪下收藏起來了。[2]**［戰死是應盡的義務，給敵人殘殺，是無可如何。不戰而焦土，使人民無以為生，而輾轉就死，則於民有害，於敵無損。］**

1 陳國琦，法國農專畢業，乃陳璧君兄長陳繼祖的兒子。1939年河內暗殺事件中，陳國琦亦在場並受輕傷，曾仲鳴去世前將身前所處理的事務都交付與陳國琦。南京政府時期任汪精衛隨從秘書，專主理汪氏總務，1990年代病逝南洋。

2 全文收錄在《汪精衛政治論述》匯校本中冊（台北：華漢出版，2024年），頁396–399。相關報道見本書頁153–154。

汪文惺身穿西裝，乃民國女性潮流的裝扮，也是追求性別平等的的表現。相片送給三姑，即曾醒。

二月廿六日

我又病了，將日記擱下二十多天。想想自己，因為病消磨了無窮的歲月，為了病不能進學校！

每每病中輾轉，不能入睡的時候，便想起和我同樣年紀的同學，是在一堂念書呢？還是打球？還是伏**案**盡力的搜求真知呢？……我終日躺在床上，所看見的就是日出照滿了一簾的光射進**屋子裡**來，漸漸日影西移。這樣的歲月不知凡幾，一日又一日的渡過了，病的滋味嘗遍了。那寒冷的月夜，窗外的風聲，和滿園的春色，**春色之中，有帶着些寥寂的**秋意［**秋意二字之上着此一句，意方明顯。**］，都不是病中的人所可以享受的。無邊的痛苦，壓着心頭，靜靜的臥着。人們一步步的前進，我却一步步的向後退！［**這兩句好**］

經過多少愛護**扶**持，漸漸**生長**起來，**然而，**仍是常常生病。讀一年書，**便**病三個多月，或是讀幾個月，便病一年。祇要踏上一步，便倒退十步。為了一家的祈望、一家**的**撫慰，更為了短速的生命，**在這**一瞬間，我們應當怎樣的去應付我們的環境，同時改造我們的環境，抓著流轉的一刹那，盡力向社會認識和改造。因此，**向着**崎嶇的前途，**即使**是眼眶含滿了淚，牙齒咬着唇，還是要**忍**耐。人生的智慧，須向血淚中尋。［**末句最好，如此方不灰心，方有勇氣戰勝一切。**］

［記得法國有一首詩，大意是說，「若說人生是樂的，未免太愚昧了。若說人生是苦的，未免太無勇氣了。活着罷，我們有的是淚，有的是笑，我們照着應當做的去做。」這一首詩可說是最明瞭而又最勇決的人生觀。[1]］

1 汪精衛曾翻譯不同法國作家的作品，並收錄在《雙照樓詩詞藁》中，如〈譯佛老里昂寓言詩一首〉、〈譯囂俄共和二年之戰士詩一首〉等，全文分別見《汪精衛詩詞彙編》上冊（台北：華漢出版，2024年），頁27及頁68。

三月三十日

三月三日離開漢口，到香港去[1]，心裏卻添了無限的悲涼，我們何時再來，漢口還是我們的嗎？若早知十多天，便歸來，一定歡天喜地的去了。

從飛機望下，一片白茫茫，甚麼也看不見，我們竟像雲中的鳥了。在百年前說給人聽，那一個人相信呢？還以為是神話付之一笑，可見百年來的科學驚人，瞬息萬變。

到了香港，滿眼青翠欲滴的大樹，和**碧**綠**的草**茵，蔚藍色的青天**耀着**麗日，都是在漢口所沒有的。一切新鮮活潑，似乎我也在大自然中跳躍了。

無論香港如何的美麗，缺少了愛國的熱忱，這熱忱不能燃燒久居於所謂安樂窩——香港的人了。

也許是生活太安逸的原故，和戰區生活的同胞們，太隔閡了，所以引不起強烈的情緒，來積極的工作。

燈紅酒綠的舞榭歌場裏，還充滿了我們的同胞，唉！比起戰區中常遭戰禍的同胞，不啻天淵之別。一面是歌舞昇平，一面是**呻吟憔悴**。若然香港的人們，目擊着**戰區中的同胞這樣**的妻離子散、血肉橫飛，想再也不能曼舞高歌了吧！

固然一個人誰不願意享樂，可是國難如此，山河破碎，那裏還可以開顏歡笑呢？我這樣寫，也許有人罵我道：「誰能整日的愁眉苦臉的工作，又不是死人。」這句話一點沒有錯，雖然各國戰爭中的士兵，打完了一場仗回來，將衣服鬆開，吃煙喝酒，盡量的歡笑、跳舞嬉戲，來回復疲倦的精神，但衹有一聲的命令，立刻又沈着愉快的應戰了。**［「勇敢地工作，暢快地愉樂」是近代人類生活之最好的信條，此文於此發揮盡致好得當］**

人類工作以後的享樂，以這一種應得的享樂，來回復辛勞的軀殼，並且得了靈魂上的愉快與安慰，是如何的令人輕快啊！

希望同胞們，都是求工作後的享樂，不是整日地沉溺於享樂的氣氛中。

三月十日。自屈先生[2]到後，談弟弟的情形，為擔心弟弟需要教導，我便想毅然不顧的去上海，而且還可以念書，豈不很好。轉念到離開父母，便又

與弟弟汪文悌

沒有勇氣了。媽媽担心我體弱，不勝思家之苦，所以亦躊躕不決。我覺得若然在父母身前，能令他們得一點的安慰，則尚有何求呢。

弟弟有三姑[3]，一定會聽話的，要念書隨處也可以念的，於是便決心和母親一起了。

三月十六日。獨倚着船欄，滿懷的故鄉情緒，又一絲絲地抽出來。還記得木棉盛開的時候，那高幹兒，在澄碧的天空，開着一朵朵猩紅的花，從行人的肩上滑落地下，小孩子們忙拾起來，穿成一串串的掛在頸上，這種追憶，又是五六年前在中大附中[4]時的情形了。

還有舊居西華二巷的兩株白玉蘭花樹，高與簷齊。每每從學校歸來，在白玉蘭花盛開的時候，各人拿了一枝竹竿，去鈎盛開的花朵，便一朵朵的落下，我們跳躍中拾起來。同時園中充滿了香氣，於是齊坐在石階上，咬着青皮爽脆的甘蔗，來消磨了整個的黃昏。在我十七八歲的時候，過了這樣的一年，便到南京去了。

故鄉的回憶，給我是恬淡清幽，使我常常依戀着。

這一回到故鄉的情感，却不同了。為了敵人飛機不斷的轟炸，母親懷念着故鄉情重的心事，便和我同去，順便看看廣東同胞的抗日情緒如何情形。船到廣州，恰好是空襲警報，最奇的，街道仍然是一樣擠擁熱鬧，一點也看不出同平時不同的地方。原因在日本兵艦太近，隨時可以派飛機來轟炸，因此不是幾個鐘頭能解除警報的，甚至接連一兩天也有。於是人民太感不便，交通斷絕，買賣不能，生計更苦，因此祇在聽見飛機聲時，才進入堆滿了沙包的避難室裏。我們在廣州一個多星期，也全不曉得，甚麼的時候是警報，甚麼時候是解除。

黃昏後，坐了汽車駛進黃花崗的道上，先烈的墓前，我們站起鞠躬致敬，心中萬感蝟集。可以樂觀的就是現在全國的人民以絕大的犧牲，對倭抗戰，以恢復我國之自由平等，與先烈昔年致力革命運動，**係**一貫之工作，我們要安慰先烈，便要繼續先烈的革命精神。

路過執信學校[5]，校內學生已遷地上課，**校址**最近**被**軍政部借用，校園荒涼，蔓草遮道，到執信先生[6]墓前致敬，已經暮色蒼茫，炊煙四起，便回家去了。

廣州還有一個令人難忘的地方，就是滿了果園的大塘。那裡的果樹，一行行整齊的排列着路旁，還有幾株廣蔭數畝的大榕樹，樹下坐著幾十個苦力工人，有的咬着甘蔗，有的吃吃涼茶，借着機會來恢復他們的疲勞，這些榕樹給了他們不少的安慰啊！

果園中，載滿了龍眼、芒果，和橄欖、橙子，樹木剪伐得很齊整，一看便知**道**很科學，並且經過了不少的人工，得來的結果。泥土中含了無窮的希望，無窮的血汗，便養育出肥大的果子，供給人類，同時果子又可以使一村繁榮，因此大塘鄉人很可以自給自足，沒有凍餒之虞。這**是**對於發展農村經濟的一種好方法罷。

［這一篇狠長的日記，意思正確，文句順適中帶著恬靜，慈祥愷惻之意，隨處流露，是一篇好文字。］

1 作者隨陳璧君到香港及廣東，相關報道見本書頁155。

2 屈向邦（1897–1975），字沛霖，號蔭堂，又名蘭淑，廣東番禺人。為明末清初著名學者屈大均的後裔。國學家，能詩好收藏，著有《蔭堂詩集》、《粵東詩話》與《誦清芬室藏印初集》等。曾任汪家家庭教師及汪精衛的秘書，汪文惺孩提時亦曾跟其學習古文，詳細經歷請參看《何孟恆雲煙散憶》第七章〈海外預備學校〉。

3 曾醒（1882–1954），字萝畢，出生於福州侯官（今閩侯），人稱三姑。方聲濂之妻，曾仲鳴之姊。清末留日期間加入同盟會，民國成立後曾任福建女子師範學校監學、國民黨婦女部第一任部長、廣州執信學校校長，以及汪精衛南京國民政府之中央監察委員。

4 即中山大學附屬中學，位於中國廣州市海珠區的中山大學東北部。

5 廣州市執信中學，初名「私立執信學校」，是孫中山於1921年為紀念近代民主革命家朱執信而創辦的學校。朱執信過世後，孫中山同意國民黨元老廖仲愷等人發起「建立執信學校以志紀念，敬朱先生其志願之宏、功業之偉、竟先生未竟之志……」的建議，籌資創辦執信學校。孫中山不但親自出錢辦學，還派汪精衛夫人陳璧君等人到美國與華僑籌款，學校落成後，由汪精衛、胡漢民、吳稚暉等擔任校董，校歌由汪氏填詞。

6 朱執信（1885–1929），原名大符，字執信，筆名蟄伸、縣解等。首批同盟會員之一。汪精衛的外甥，也是革命同志。與汪精衛一起赴日留學，同盟會籌備會人員之一。三二九黃花崗之役，率民軍應援並參與活動策劃。民國成立後先後輔佐廣東都督胡漢民和陳炯明，又任廣東審計院長。追隨孫中山之護法運動，1920年奉孫中山之命調遣廣州附近軍隊支援陳炯明驅除桂系遇難。

四月二日

在三月二十六日回到武漢，和大家相見，彼此將所見聞的，說說才知得武漢建立戰時兒童保育會[1]，我很想到裏面工作，心中藉此可以安慰。現今抗戰將士的遺族、戰區的兒童，以及難民的兒童，其父母死於敵人炮火之下，子女流浪於街頭，饑寒交迫，孤苦無依，**應該如何的保育他們，這真**是我們**眼前最大**的責任。

記得廖伯伯[2]曾經寫過一首詞，詞中有兩句：「……宇宙間，惟愛長存，萬事都隨流水。……」[3]這兩句詞皆由愛而寫出來的，其實很多東西都是有愛，才能產生出來，才能滋長起來。佛教以慈悲為本，儒教以仁愛為宗，**耶**教以博愛為主，歸源仍然是一個「愛」字，宇宙萬物，不能沒有愛而可以生存的。

汪精衛曾請溫其球繪〈秋庭晨課圖〉紀念母親教學情景，廖仲愷題詞兩首。
該圖後來失去，圖示為方君璧重繪的一張。現時兩圖均存於胡佛研究所圖書館。

為民族生存，為國家存亡而犧牲的人們，都是本着愛字，為國而犧牲，為人類的幸福而犧牲，這才是偉大的愛。

就算畜牲也有愛的，不過畜牲的愛和人類的愛，**其**不同**之點，在分量上，愛有廣狹，在時間上，愛有久暫**。何謂**分量上有廣狹**呢？（1）**最**下等動物，他**肢體一部分**的痛苦，**全身得不到**感覺，（2）**較高等的動物，則能感覺全身的痛苦；（3）更高等的動物，則不但自己全身的痛苦，能夠感覺，而別個人的痛苦，也能感覺**。[4]**這便是仁愛之泉源，人類是動物中之最高等的，充其感覺別人的痛苦之心，能推其愛以及於國家民族，以至全世界的人類。這是說人類的愛，在動物中為最廣**。何謂**時間上有久暫**呢，高等動物，當牠生下兒子的時候，也像人類一樣的愛護，可是時間漸漸長久，牠便忘記了，不能保存這種的愛，**對於**同類，也是暫時的，因此不能像人類，有組織，有團體，更不能為同類而謀幸福。**這是說**人類的愛，**在動物中為最久**。**這種**空間性，和時間性，聯絡並進，因此可以綿延數千年，遺留到現**在**。並不是軀殼死了，一切完了，像孔子的學說，一直到現在還有許多人奉行。**［此段清楚。］**

人類的**感情**，所最珍貴的就是：「仁愛」，人與人的愛就是：「不獨親其親不獨子其子」，即「推己及人」。於是社會的組織、國家的復興，都從「愛」字建立起來，愛國家、愛人類、愛世界，以推進社會的進化。

因此我們更不能忽略了戰時的兒童，沒有父親的養育，沒有母親的愛撫，讓他們生長於沒有愛的環境中，我們如何可以減輕他們的痛苦，如何可以灌輸他們的學識，使他們有生存的勇氣和力量，我們共同來負起這個保育中國戰時兒童的任務，使我們陣亡將士、死難的同胞，得最大的安慰，這亦是我們後死者，最大的任務。自**此**以後，**望**千萬的人，以愛子之心，去撫愛他們，養育他們，十年後的生力軍、復興軍，就是現在的孩子們。我相信任何一個孩子，決永遠不會忘掉了，殺父之仇、毀家之恨。將來成人後，必會知道怎樣負起艱辛的担子，來為着慘戰後的祖國，完成復興建國的神聖使命。**［此段鄭重明白］**

［全篇意思都正確，後半篇文字更是鄭重有力。］

［說明保育兒童是由人類廣大的愛和長久的愛發生出來，這是根本立論。］

---

1 漢口於3月10日成立戰時自童保育會，相關報道見本書頁156。

2 廖仲愷（1877–1925），福州侯官（今閩侯）人。原名恩煦，字仲愷，美國廣東華僑，先後加入同盟會和中華革命黨，為孫中山重要助手。在國民黨改組與第一次國共合作時期，負責財政及工農運動，大力支持孫中山聯俄容共政策，被視為國民黨左派，1925年被刺身亡。

3 出自廖仲愷為〈秋庭晨課圖〉所題詞之一〈瑞鶴仙題汪精衛先生太夫人課字圖〉，該畫作由溫其球所畫，描繪出汪精衛兒時依母之狀，廖仲愷死後，汪精衛作詩〈先太夫人秋庭晨課圖亡友廖仲愷曾為題詞秋夜展誦泫然賦此〉紀念，詳細見《汪精衛詩詞彙編》，頁89–90。

4 汪文惺原文，汪精衛批註：「此段分析得更清楚些為宜。一、如蝦蟆；二、如禽類獸類；三、禽類獸類之較靈者（如猴）。」手稿見本書頁100。

四月七日

台兒莊這場血[1]，使我們得到這樣重大勝利的安慰，尤其艱苦困難的過程中更值得我們慶祝。一方面，可以使民眾有國家民族的認識，一方面我們要把握着前方士氣振奮的時候，以鼓勵全國的民眾，堅強信念，澈底明瞭前**方**將士艱苦奮鬥、為國犧牲的使命，無非以血肉作後方民眾的長城，後方民眾纔保得住安居**樂**業。所以在長期抗戰中，前方戰士，和後方民眾，一定要密切聯絡，分工合作，才能**得到**最後的勝利。

〈中國**國民黨**臨時全國代表大會宣言〉中謂：「……在科學方面，使技術與社會制度相貫通，物質與精神相貫通，理智與感情相貫通，以求其平均發展，然後心力、物力，乃能日即于充實。抗戰必勝，建國必成，必由於此。……」從〈宣言〉中的幾句話，包括了千言萬語。建國抗戰綱領，很明顯的指示給我們，我們向着必勝、必成的願望，來求實踐抗戰建國的使命。

[大體簡潔而明瞭。]

1 台兒莊勝利之報道見本書頁157。

四月二十日

自從讀了英文以後，時間頗忙，又沒有特別的事**敍述**，因此日記便擱下了十多天。

漢口天氣漸漸地溫暖起來，有時竟像夏天，可以穿起單衣。隔園刺槐盛開，葉底鳥聲聒耳，然而比起江南的春色却不同了。**記起在那時候，特別是陵園**[1]**一帶［加此兩句較明顯些］**，滿山的桃李，幻成一片桃色的雲，濃濃淡淡地一朵朵的浮到我們的身前，送來一陣**陣**微香。跟着片片的花瓣，灑滿了一身，怎捨得拂牠下來，但願永永粘着我們的衣裳。

唉，現在一切都變了，我不願今年春天，南京還是如此可愛、媚人。看花遊覽的**已**經不是我們**同胞**，換上了敵人。春啊！您也不願使花開吧！

［言簡而意賅，如此已足。有時千萬言不嫌長，有時數十百字不嫌短，在乎意思之深遠而含蓄也。］

1 1937年12月，汪精衛一家在南京陵園新村的房子被日本空襲炸毀。

四月二十三日

魯迅先生的小說，我也看過不少，從來沒有像《傷逝》的一段，更令我感動。每次翻開《魯迅自選集》，便不由自主地，停在《傷逝》的一段中。從新一個個字地，細讀下去，忘懷了圍繞着我一切的東西，自己也似乎鑽在書本中。裏面的字句，像溪水中的卵石，光滑晶瑩，我却像一灣的溪水，經過粒粒的卵石，一直流到盡頭！

總之，難以形容，對我的感應。那怕十次、一百次，同樣的字句、同樣的情節，却令我每次懷着悲喜憂傷、起伏不定的心情讀下去，恨不能，每一個字都能從嘴背誦出來，以消心頭愛慕之情。

牠的情節，不是朗月清風，卻有點似；朧朦月色，子夜裏，彈起憂鬱的絃琴，給微風傳播到街頭巷尾，柔和而帶傷感的調子，瀰漫了整個的空間，震動了每個聽者的心坎，這才有一點像，裏面的情節啊！

其實，裏面情節，十分簡單：寫一個人的傷感，回憶死者的心情罷了！並沒有慷慨悲歌的故事，只有柔和平淡的敍述而已。

我且把《傷逝》賅括寫下，作為對魯迅先生的一個小小的紀念罷！

［以上賅括此篇文字之原因用筆極好。］

1933年上海天馬書店出版《魯迅自選集》，圖片來源自國家圖書館。

……會館裏被遺忘在偏僻裏的破屋，是這樣地寂靜和空虛。時光過得真快，我愛子君，仗著她逃出寂靜和空虛，已經滿一年了。事情又這麼不湊巧，我重來時，偏偏空著的又只有這一間屋。……深夜中獨自躺在牀上，就如我未嘗和子君同居以前一般，過去一年中的時光全被消滅，全未有過，我並沒有曾經從這破屋子搬出，在吉兆胡同創立了滿懷希望的小小的家庭。

不但如此。在一年之前，這寂靜和空虛是並不這樣的，常常含着期待，期待子君的到來。在久待的焦躁中，一聽到皮鞋的高底尖觸著磚的清響，是怎樣使我驟然動起來呵！於是就看見帶着笑渦的蒼白的圓臉，蒼白的，瘦的臂膊，布的有條紋的衫子，玄色的裙。她又帶了窗外的半枯的槐樹的新葉來，使我看見，還有掛在鐵似的老幹上的一房一房的紫白的藤花。

……

子君不在我這破屋裏時，我什麼也看不見。在百無聊賴中，順手抓過一本書來，科學也好，文學也好，橫豎什麼都一樣；看下去，看下去，忽然而自己覺得，已經翻了十多頁了，但是毫不記得書上所說的事。只是耳朵卻分外地靈，彷彿聽大門外一切往來的履聲，從中便有子君的，而且橐橐地逐漸臨近，——但是，往往又逐漸渺茫，終於失在別的步聲的雜沓中了。……

莫非她翻了車麼？莫非她被電車撞傷了麼？……

驀然，她的鞋聲近來了，一步響於一步，迎出去時，却已經走過紫藤棚下，臉上帶著微笑的酒渦。她在她叔子的家大約並未受氣；我的心寧帖了，默默地相視片時之後，破屋裏便漸漸充滿了我的語聲，談家庭專制，談打破舊習慣，談男女平等，談伊孛生，談泰戈爾，談雪萊……。她總是微笑點頭，兩眼裏彌漫著稚氣的好奇的光澤……。

「我是我自己的，他們誰也沒有干涉我的權利！」

這是我們交際了半年，又談起她在這裏的胞叔和在家的父親時，她默想了一會兒之後，分明地，堅決地，沉靜地說了出來的話。……這幾句話，很震動了我的靈魂，此後許多天還在耳中發響，而且說不出的狂喜，知道中國女性，並不如厭世[家]所說那樣無法可施，在不遠的將來，便要看見輝煌的曙色的。

……

她却是什麼都記得：我的言辭，竟至於讀熟了的一般，能夠滔滔的背誦；我的舉動，就如有一張我所看不見的影片掛在眼下，敘述如生，很細微……。夜闌人靜，是相對溫習的時候了，我常是被質問，被考驗，並且被命複述當時的言語，然而常須由她補足，由她糾正，像一個丁等的學生。

……

尋住所實在不是容易事，大半是被託辭拒絕，小半是我們以為不相宜。……看了二十多處，這纔得到可以暫且敷衍的處所，是吉兆胡同一所小屋裏的兩間南屋。主人是一個小官，然而倒是明白人，自住着正屋和廂房。……

我們的家具很簡單，但已經用去了我的籌來的款子的大半；子君還賣掉了她唯一的金戒指和耳環。我也不再堅持下去了；我知道不給她加下一點股份去，她是不舒服的——。

子君也逐日活潑起來。但她並不愛花……。然而她很愛動物……不一月，我們的眷屬便驟然加得很多，四隻小油雞在小院子裏和房主人的十多隻又在一同走。但她們却認識雞的相貌，各知道那一隻是自家的。還有一隻花白的叭兒狗，從廟會買來，記得原有名字，子君卻給牠另起一個，叫作阿隨。我就叫牠阿隨，但我不喜歡這名字。

這是真的，愛情必須時時更新、生長、創造。我和子君說起這，她也領會地點點頭。

唉唉，那是怎樣的寧靜而幸福的夜呵！

安寧和幸福……。我們在會館時，還偶有議論的衝突和意思的誤會，自從到吉兆胡同以來，連這一點也沒有了；我們只在燈下對坐的懷舊譚中，回味那時衝突以後的和解的重新一般的樂趣。

子君竟胖了起來，臉色也紅活了；可惜的是忙。管了家務，便連談天的工夫也沒有了，何況讀書和散步。我們常常說，我們總還得僱一個女工。

……

我曾經忠告她：我不喫，倒也罷了；却萬不可這樣地操勞。她只看了我一眼，不開口，神色却似乎有點淒然；我也只好不開口。然而她還是這樣地操勞。

我所豫期的打擊果然到來。雙十節的前一晚，我呆坐着，她在洗碗聽到聲，我去開門時，是局里的信差，交給我一張油印的紙條。我就有些料到了，到燈下去一看，果然，印著的就是——

奉 局長諭史涓生着毋庸到局辦事 秘書處啟 十月九號

……其實這在我不能算是一個打擊，因為我早就決定，可以給別人去鈔寫，或者教讀，或者雖然費力，也還可以譯點書。況且《自由之友》的總編輯是見過幾次的熟人，兩月前還通過信。但我的心跳躍著。那麼一個無畏的子君也變了色，尤其使我心痛，她近來似乎也較為怯弱了。

……

「說做，就做罷！來開一條新的路！」

我立刻轉身到書案，推開盛香油的瓶子和醋碟，子君便送過那黯澹的燈來。我先擬廣告；其次是選定可譯的書，遷移以來未曾翻閱過，每本的頭上都滿漫著灰塵了；最後纔寫信。

我很費躊躕，不知道怎樣措辭好，當停筆凝思的時候，轉眼去一瞥她的臉，在昏暗燈光下，又很見得淒然。我真不料這樣微細的小事情，竟會給堅決的、無畏的子君以這麼顯着的變化。她近來實在變得很怯弱了，但也並不是今晚才開始的。我的心因此更繚亂，忽然有安寧的生活的影像——會館裏的破屋的寂靜，在眼前一閃，剛剛想定睛凝視，卻又看見了昏暗的燈光。

……

小廣告一時自然不會發生效力；但譯書也不是容易事，先前看過，以為已經懂的，一動手，卻疑難百出了——。

……喫我殘飯的便只有油雞們。這是我積久纔看出來的，但同時也如赫胥黎的定論「人類在宇宙間的位置」一般，自覺了我在這裏的位置：不過是叭兒狗和油雞之間。

後來，經多次的抗爭和催逼，油雞們也逐漸成為肴饌，我們和阿隨都享用了十多日的鮮肥；可是其實都很瘦，因為它們早已每日只能得到幾粒高粱了。從此便清靜得多，只有子君很頹唐，似乎常覺得淒苦和無聊，至於不大願意開口。我想，人是多麼容易改變呵！

但是阿隨也將留不住了。……冬季又逼近得這麼快，火爐就要成為很大的問題；牠的食糧，在我們其實早是一[易]覺得的很重的負擔。於是連阿隨也留不住了。

……但子君的慘淒的神色，卻使我吃驚。那是沒有見過的神色，自然是為阿隨。……

到夜間在她的淒慘的神色中，加上冰冷的分了。

「奇怪。——子君，您怎麼今天這樣兒了？」我忍不住問。

「什麼？」她連看也不看我。

「您的臉色……」

「沒有什麼，——什麼也沒有。」

……

天氣的冷和神情的冷，逼迫我不能在家庭中安身。但是，往那里去呢？大道上，公園裏，雖然沒有冰冷的神情，冷風竟也刺得人皮膚欲裂。我終於在通俗圖書館裏覓得了我的天堂。

……

那裏雖然沒有書給我看，卻還有安閒容得我想。待到孤身枯坐，回憶從前，這纔覺得大半年來，只為了愛——盲目的愛——而將別的人生的要義，全盤疏忽了。第一、便是生活。人必生活着，愛纔有所附麗。世界上並非沒有為了奮鬥者而開的活路；我也還未忘却翅子的扇動，雖然比先前已經頹唐得多……。

冷了起來，火爐裏的不死不活的幾片硬煤，也終於燒盡了，已是閉館的時候。又須回到吉兆胡同，領略冰冷的顏色去了。近來間或遇到溫暖的神情，但這却反而增加我的痛苦。記得有一夜，子君的眼裏忽而又發出久已不見的稚氣的光來，笑著和我談到會館時候的情形，時時又帶些恐怖的神色。我知道我近來的超過她的冷漠，已經引起她的憂疑來，只得也勉力談笑，想給她一點慰藉。然而我的笑貌一上臉，我的話一出口，却即刻變為空虛，這空虛又即刻發生反響，回向我的耳目裏，給我一個難堪的惡毒的冷嘲。

子君似乎也覺得的，從此便失掉了她往常的麻木似的鎮靜，雖然竭力掩飾，總還是時時露出憂疑的神色來，但對我却溫和得多了。

……

子君有怨色，在早晨，極冷的早晨，這是從未見過的，但也許是從我看來的怨色。我那時冷冷地氣憤和暗笑了；她所磨練來的思想，和豁達無畏的言論，到底也還是一個空虛，而對於這空虛却並未自覺。她早已什麼書也不看，已不知道人的第一着是求生，向着這求生的道路，是必須攜手同行，或奮身孤往的了，倘使只知道搥著一個人的衣角，那便是雖戰士也難於戰鬥，只得一同滅亡。

我覺得新的希望就只在我們的分離；她應該決然捨去，——我也突然想到她的死，然而立刻自責，懺悔了。幸兒是早晨，時間正多，我可以說我的真實。我們的新的道路的開闢，便在這一遭。

我和她閒談，故意地引起我們的往事，提到文藝……也還是去年在會館的破屋裏講過的那些話，但現在已經變成空虛，從我的嘴傳入自己的耳中，時時疑心有一個隱形的壞孩子，在背後惡意地刻毒地學舌。

她還是點點頭答應着傾聽，後來沈默了。我也就斷續地說完了我的話，連餘音都消失在虛空中了。

「是的。」她又沈默了一會，說，「但是，……涓生，我覺得您近來很兩樣了。可是的？您，——您老實告訴我。」

我覺得這似乎給了我當頭一擊，但也立刻定了神，說出我的意見和主張來：新的路的開闢，新的生活的再造，為的是免得一同滅亡。

臨末，我用了十分的決心，加上這幾句話——

「……況且您已經可以無須顧慮，勇往直前了。您要我老實說；是的，人是不該虛偽的。我老實說罷：因為，因為我已經不愛您了！但這於您倒好得多，因為您更可以毫無掛念地做事……。」

我同時豫期著大的變故的到來，然而只有沈默。她臉色陡然變成灰黃，死了似的；瞬間便又蘇生，眼看也發了稚氣的閃閃的光澤。這眼光向四處，正如孩子在饑渴中尋求……恐怖地迴避著我的眼。

我不能看下去了，幸而是早晨，我冒著寒風徑奔通俗圖書館。

……

這是冬春之交的事，風已沒有這麼冷，我也更久地在外面徘徊；待到回家，大概已經昏黑。就在這樣一個昏黑的晚上，我照常沒精打采地回來，一看見寓所的門，也照常更加喪氣，使脚步放得更緩。但終於走進自己的屋子裏了，沒有燈火。摸火柴點起來時，是異樣的寂寞和空虛！

正在錯愕中，官太太便到窗外來叫我出去。

「今天子君的父親來到這裏，將她接回去了。」她很簡單地說。

「她，——她可說什麼？」

「沒說什麼。單是托我見您回來時告訴您，說她去了。」

……我徧看各處，尋覓子君；只見幾件破舊而黯淡的家具，都顯得極其清疏，在證明却牠們毫無隱匿一人一物的能力。……只是鹽和乾辣椒、麵粉、半株白菜，却聚集在一處了，旁邊還有幾十枚銅元。這是我們兩人生活材料的全副，現在她就鄭重地將這留給我一個人，在不言中，教我藉此去維持較久的生活。

……

然而一切請托和書信，都是一無反響；我不得已，只好訪問一個久不問候的世交去了。……

……好容易纔相見，也還相識，但是很冷落。我們的往事，他全都知道了。

「自然，您也不能在這里了。」他聽我托他在別處覓事之後，冷冷地說，「但那里去呢？很難。——您那什麼呢，您的朋友罷，子君，您可知道，她死了。」

……

我已經忘卻了怎樣辭別他，回到自己的寓所。我知道他是不會說謊話的；子君總不會再來的了，像去年那像。她雖是想在嚴威和冷眼中負着空虛的重擔來走所謂人生的路，也已經不能。她的命運，已經決定她在我所給與的真實——無愛的人間死滅了！

……

但是，這卻更虛空於新的生路；現在所有的只是初春的夜，竟還是那麼長。我活着，我總得向着新的生路跨出去，那第一步，——卻不過是寫下我的悔恨和悲哀，為子君為自己。

……

以上是賅括原文，以下把我一點感想敘述如下。

我覺得子君是一個寂寞的犧牲者，——因為沒有愛來維持艱辛險惡的所謂「人生的路」，終於在空虛無期望的途中跌下來，便寂寞地死了。**［這是最重要的一點（失了愛情）。］**

他們為着生活的壓迫，不能容許兩個人一同生存，甚至於子君最大的安慰——小油雞，都作了肴饌，阿隨也留不住了。如赫胥黎的定論「人類在宇宙的位置」一般，子君和涓生……還有無數的人，的位置，不過是叭兒狗和油雞之間。**［這是最重要的一點（生活壓迫）。］**

人類生存的真義，本是恬靜和平的境界。自從科學發達以後，物質的需要愈多，人類競爭愈趨尖銳化。——適者生存，優勝劣敗的條件之下，掙扎圖存，迄無寧息。這種環境，便有無數的弱者，被沈溺於無底的深淵中，沒有呼號，沒有呻吟。固然，也有像大海擁起無數的浪花，澎湃，瞬息便又沈寂了。人類給與他們的記憶，也是像浪花一捲一捲地蓋上，被遺忘了。這樣地永無止境，永無止境……。**［這段感想深微曲折。］**

我也將看了此段文字之後，我的感想寫在下面。

就於愛情這一點，此篇文字描寫得可謂深刻而周摯，宜乎使讀者十分感動。（一）史涓生因為生活壓迫，最先不能養雞，其次不能留住那條狗，其後連子君也想他[1]獨立的謀生活。這用意是無可非議的，但他如果對子君愛情不變，則子君可以不死，子君是死於失了愛情，因之遂無掙扎奮鬥的勇氣，亦因之遂無人生樂趣。（二）史涓生何以會對子君失去愛情呢，大凡是一個人，每每對於自己能了解，而對他人缺乏了解。例如史涓生知道自己構

思的時候，不要人去攪他，而不知道做飯的人，也有他的着急，又例如史涓生看見子君的冰冷，而更加冰冷，殊不知他對於子君的冰冷，利害過子君對他的冰冷，何止十倍，與其事後自悔當初之使氣，何苦不於當時便責己厚些、責人薄些呢。然而子君也有些不對的地方，當阿隨被棄的時候，淒慘是不能免的，但何必冰冷呢。這種冰冷成為兩人不能了解的基點，由這基點，越擴越大。史涓生之跑到圖書館裏去，不只是為家庭的冰冷，天氣難受，而冰冷的面孔，使他不願看見，或更過於天氣。[2]這種地方，真所謂「作始也簡，終畢也鉅」。作者特意拈出，使天下有情男女，能知儆惕，不但用筆深刻，而存心則可謂忠厚之至了。

關於社會觀察，我的見解，和魯迅有些不同，也寫在下面：

最近作家，往往出力描寫社會萬惡，這是有意義的。因為社會萬惡，本是實在，若將他蒙住，便是欺騙，便是姑息。但描寫時候，也不可偏於黑暗的方面，否則養成一般人對於社會之憎慊厭恨，這是極有害的。譬如父母之於兒女，見其不是，不能不嚴厲教訓，但必須出之以慈祥，這樣兒女受教，雖然心中不安，卻也體會出父母的慈祥之意，而引以安慰，若一味嚴厲，便有傷天性了。社會萬惡，由於制度，不是每一個人所造成，其改造之也，必須帶著珍重愛惜的心事，因為社會固有萬惡，但亦有許多善在裏頭，而且社會是積漸而成的，其改進也亦當積漸。若一味憎慊厭恨，其後果必以打倒社會為快，而且每一個人心中都充滿了憎慊厭恨的心事，則出之以殘忍，亦在意中。

自從「易卜生」之流，主張「只開病症，不開藥方」，破壞之風，就更盛了。憎慊厭恨，種種破壞之因，鹵莽滅裂，成了破壞之果，人類相殘，由之而起，可哀可懼。天下誠然有夜叉，天下亦同時有菩薩。「狄更斯」的著作，有無惡不作的壞人，也有一團善氣的好人，其對於社會的觀念，似較正當。「鬍子」、「雪花膏」之流，固然可惡，但何妨也描寫一兩個好人，勿令讀者於終篇之餘，覺得一個惡狠狠、冷森森的社會面孔，令人心灰氣絕呢。

此外還有一事，就是同居。可憐這個制度，創於蘇聯，自以為妙，而不知後來害死了無數青年男女，方纔急急改正。但中國卻跟著蘇聯尾巴走，真是可憐而又可憐了。[3]史涓生和子君之不善終，「同居」也是一個原因，魯迅先生拈出此層，也是有心世道。此外還有一事，如果這兩人有了兒女，那更慘了，難道將兒女和阿隨一樣的丟去嗎。魯迅先生雖不說出，而讓人自然想到，於是社會育兒之制、教養之制，由此也可想到了。

文學的作用，能指出病症，至於開藥方，則非在政治學、經濟學尋求不可，「指出病症，開出藥方」。這是我的根本觀念，至於藥方的對症與否，有效與否，是另一問題。「只指病症，不開藥方」，猶如對着病人說明他如何危險如何的快要死，這不是使病人乾着急嗎。

還有一層，寫出社會的冷酷，同時也要寫出社會之多情，勿使人一味地怨恨社會，這也是我的根本觀念。

---

1 汪精衛有眉批：「我不會寫她字」，手稿見本書頁132。

2 汪精衛有眉批：「如果只有天氣的冰冷，那麼，他兩人同受着便了，因為有面孔的冰冷，遂使他一個人去享受罏子。」手稿見本書頁133–134。

3 汪精衛有眉批：「各國行之者，出以秘密。蘇聯則光明正大的行着。」手稿見本書頁136。

日記手稿

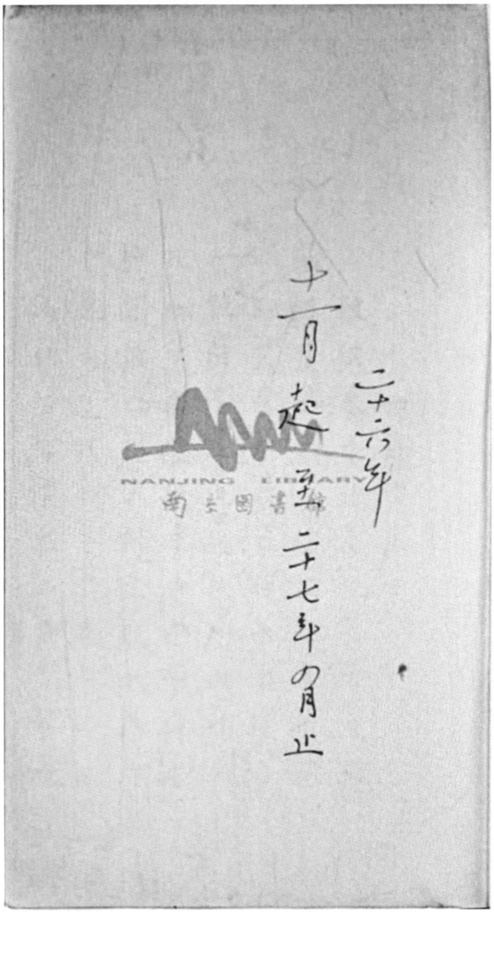
二十六年
十月起至二十七年四月止
NANJING LIBRARY
南京圖書館

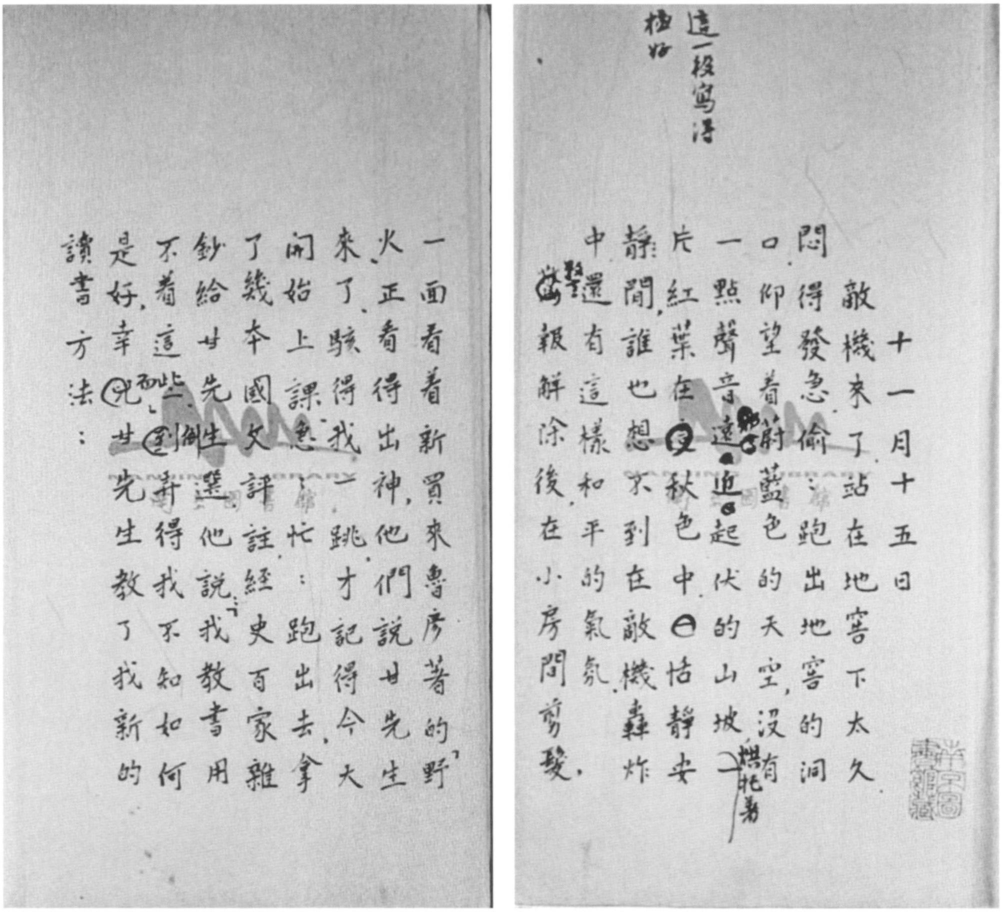
這一段寫得極好

十一月十五日
敵機來了．站在地窖下太久．
悶得發急．偷偷跑出地窖的洞
口．仰望着蔚藍色的天空，沒有
一點聲音．遠遠起伏的山坡
片紅葉在秋色中．恬靜安
靜．誰也想不到在敵機轟炸
中．還有這樣和平的氣氛．
警報解除後在小房間剪髮．

一面看着新買來魯彥著的「野
火」正看得出神，他們說甘先生
來了，駭得我一跳．才記得今天
開始上課．急忙：跑出去．拿
了幾本國文評註經史百家雜
鈔給甘先生選，他說「我教書用
不着這些，弄得我不知如何
是好．幸而甘先生教了我新的
讀書方法：

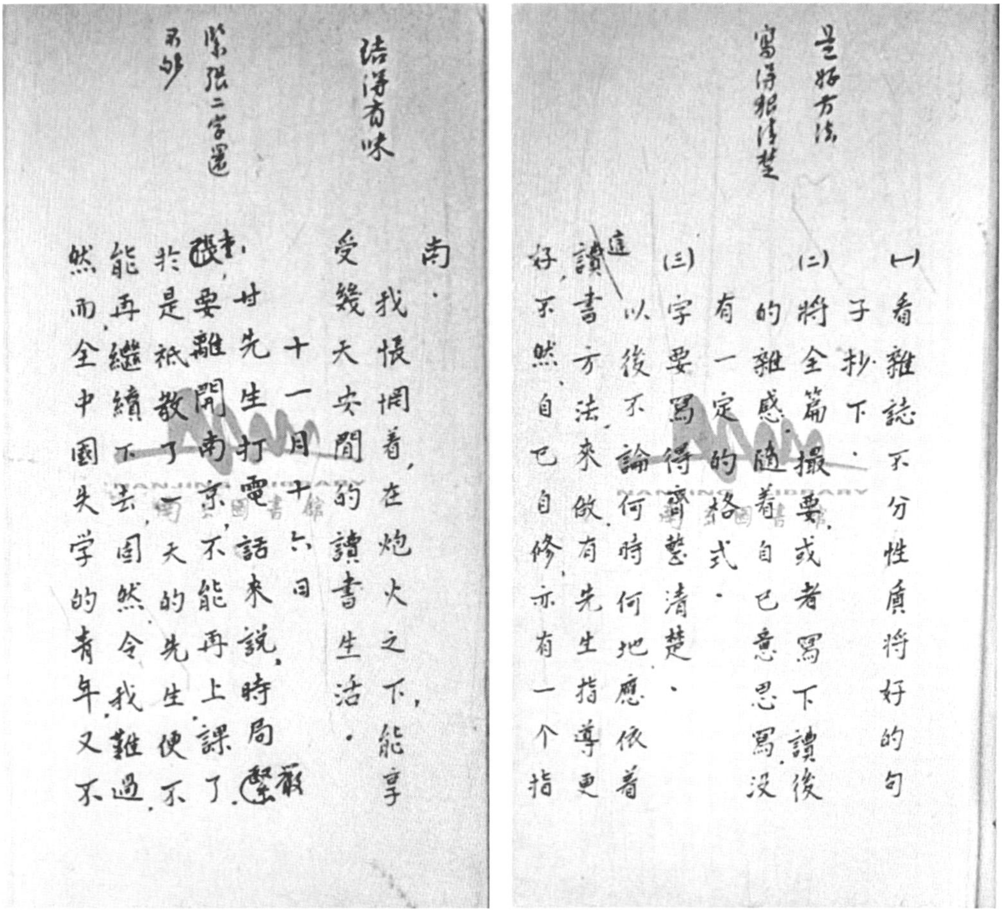
一 看雜誌不分性質將好的句子抄下，
二 將全篇撮要或者寫下讀後的雜感隨着自己意思寫沒有一定的格式。
三 字要寫得齊整清楚、
以後不論何時何地應依着（這）讀書方法來做有先生指導更好不然自己自修亦有一個指

是好方法
寫得很清楚

南。
我悵惘着在炮火之下，能享受幾天安閒的讀書生活。
廿先生打電話來說，時局緊張，要離開南京，不能再上課了。於是祇教了一天的先生便不能再繼續下去，固然令我難過。然而全中國失学的青年又不

語得有味
緊張二字還不妙

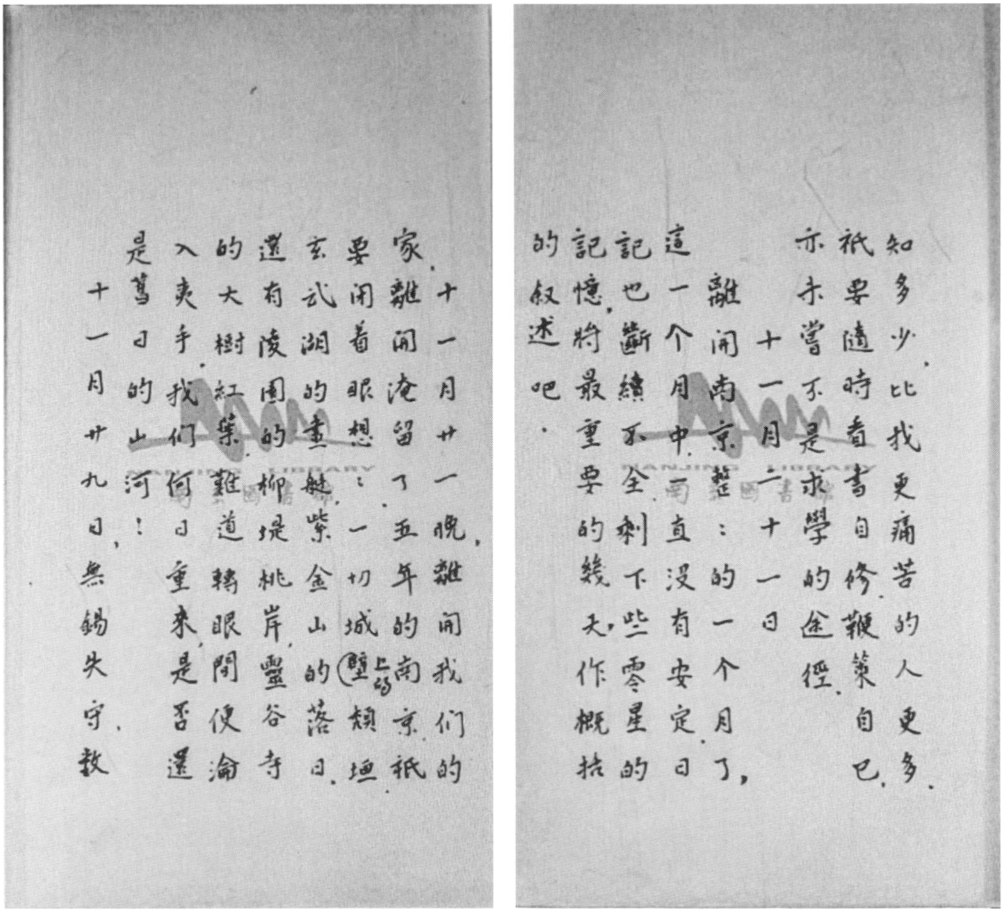
知多少，比我更痛苦的人更多．祇要隨時看書自修，鞭策自己．亦未嘗不是求學的途徑．

十一月二十一日

離開南京整整的一個月了，這一個月中，一直沒有安定的日記，也斷續不全，剩下些零星的記憶，將最重要的幾天，作概括的敘述吧．

十一月廿一晚，離開我們的家，離開淹留了五年的南京，祇要閉着眼想：一切城壁上的頹垣，玄武湖的畫艇，紫金山的落日，還有陵園的柳堤桃岸，靈谷寺的大樹紅葉，難道轉眼間便淪入夷手，我們何日重來，是否還是舊日的山河！

十一月廿九日，無錫失守，教

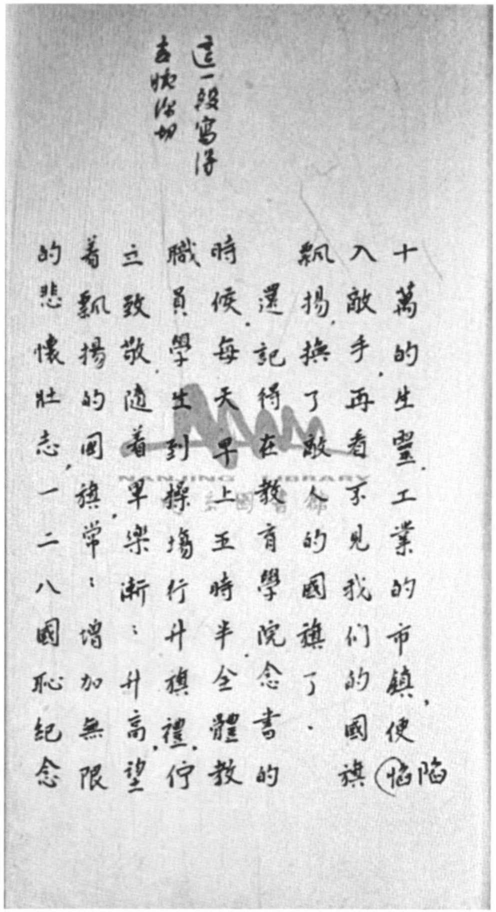
這一段寫得真摯深切

十萬的生靈，工業的市鎮，使陷入敵手，再看不見我们的國旗飄揚，換了敵人的國旗了．
還記得在教育學院念書的時候，每天早上五時半全體教職員學生到操場行升旗禮，佇立致敬，隨着軍樂漸：升高，望着飄揚的國旗，常：增加無限的悲懷壯志，一二八國恥紀念

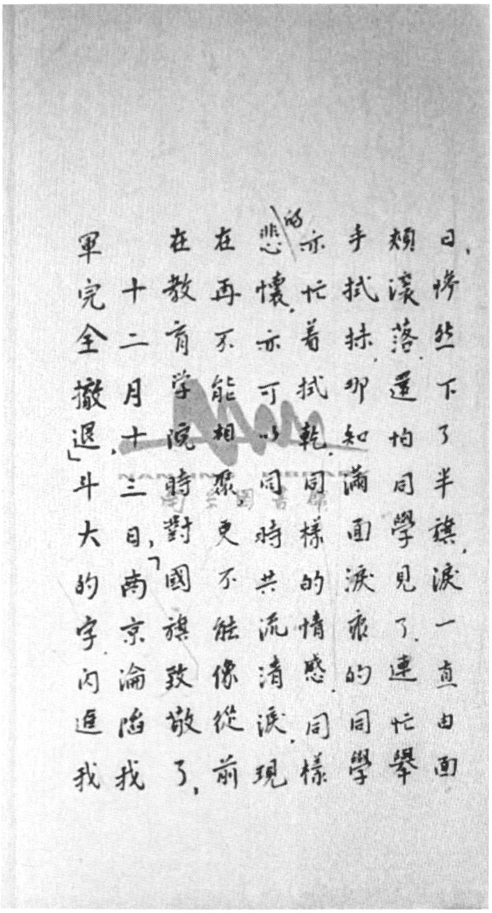
日，慘然下了半旗，淚一直由面頰滾落，還怕同學見了，連忙舉手拭抹，那知滿面淚痕的同學亦忙着拭乾，同樣的情感，同樣的悲懷，亦可以同時共流清淚，現在再不能相聚，更不能像從前在教育學院時對國旗致敬了，
十二月十三日，「南京淪陷，我軍完全撤退」斗大的字，闖進我

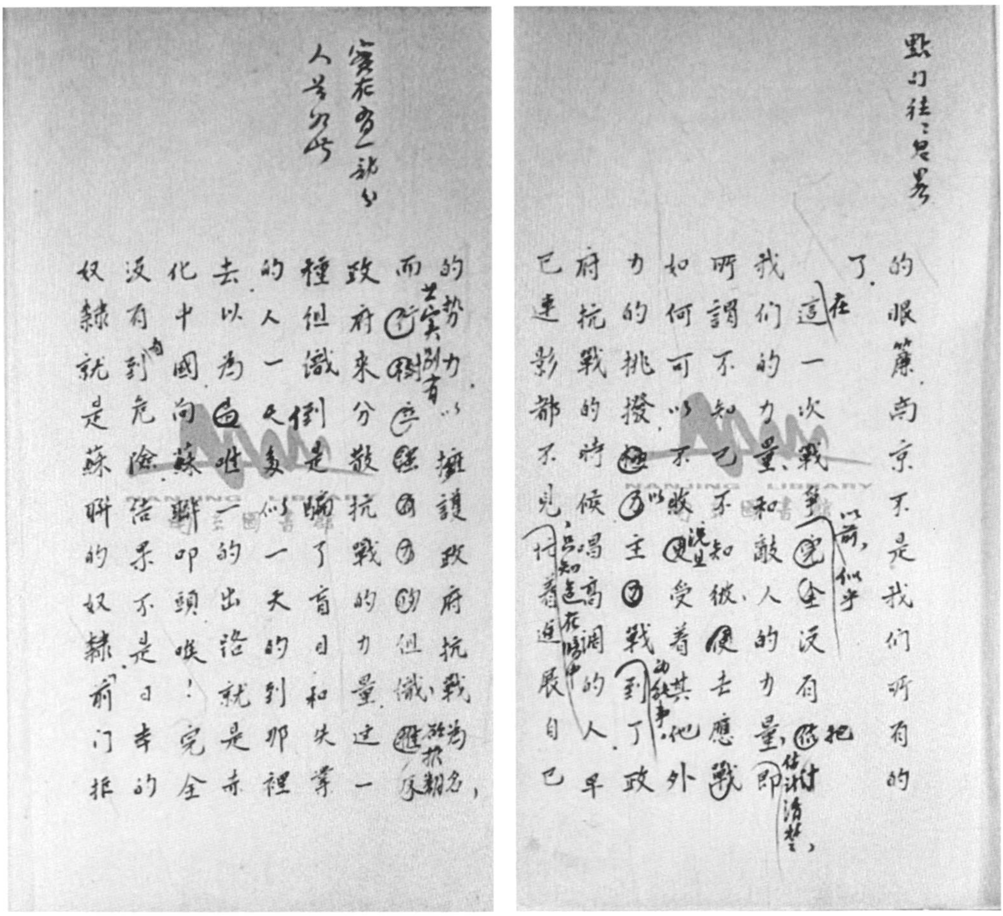

的眼簾，南京不是我們所有的
了。
這一次戰爭完全沒有估計清楚，
我們的力量和敵人的力量，即
所謂不知己不知彼，便去應戰，
如何可以不敗？只受着其他外
力的挑撥，迫了主了戰，到了政
府抗戰的時候，唱高調的人，早
已連影都不見，遁跡展自己

的勢力，以擁護政府抗戰為
而其實別有組織，使政府
政府來分散抗戰的力量，造一
種組織倒是瞞了盲目和失掌
的人，一反過去一大的到那裡
去，以為唯一的出路就是赤
化中國，向蘇聯叩頭哦！究全
沒有看到危險結果不是日本的
奴隸就是蘇聯的奴隸，前門拒

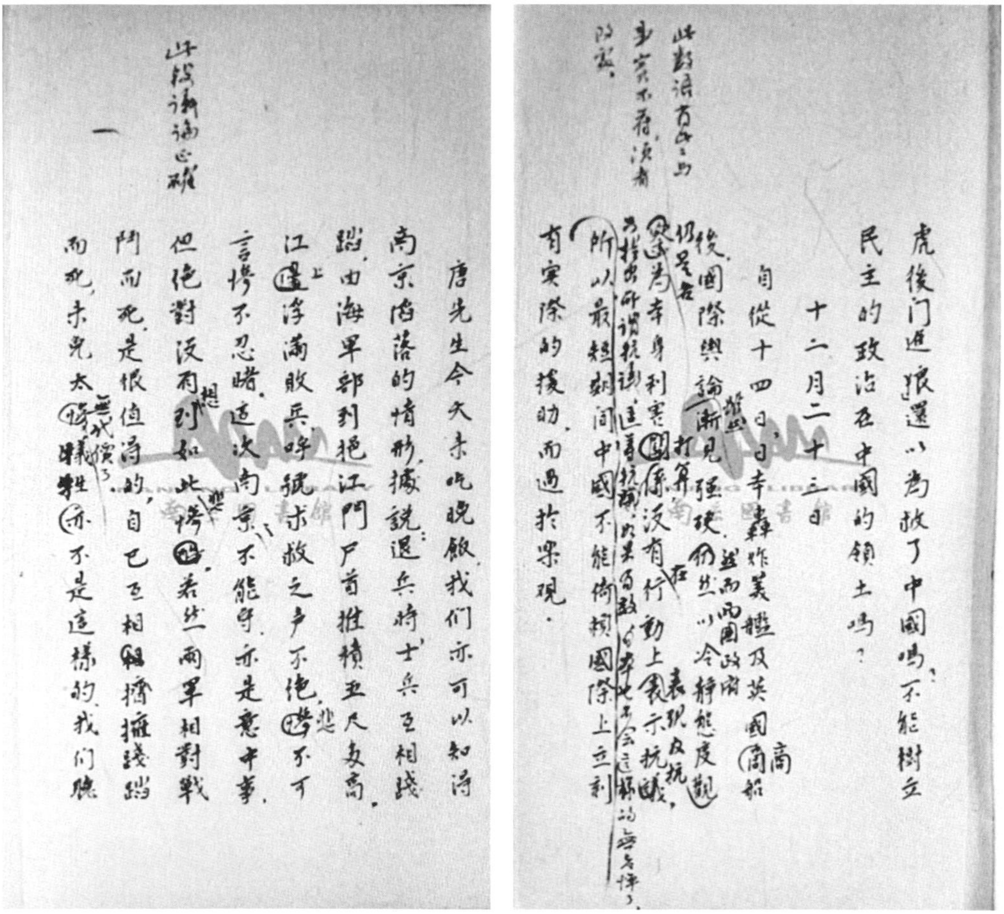

虎後门進狼還以為救了中國嗎，不能樹立民主的政治在中國的領土嗎？

十二月二十三日

自從十四日日本轟炸美艦及英國商船後，國際輿論漸見強硬，仍然以冷靜態度觀察為本身利害，國係沒有行動上表示抗議，打算……所以最短期間中國不能倚賴國際上立刻有實際的援助，而過於樂觀。

此數語有些出乎……

唐先生今天來吃晚飯，我們亦可以知道南京陷落的情形，據說退兵時士兵互相踐踏，由海軍部到挹江門尸首堆積五尺多高，江邊浮滿敗兵，呼號求救之聲不絕，慘不可言，慘不忍睹。這次南京不能守，亦是意中事，但絕對沒有想到如此慘酷，若然兩軍相對戰鬥而死，是很值得的，自己互相擠擁踐踏而死，未免太慘，無代價了，犧牲亦不是這樣的，我們聽

此段議論正確

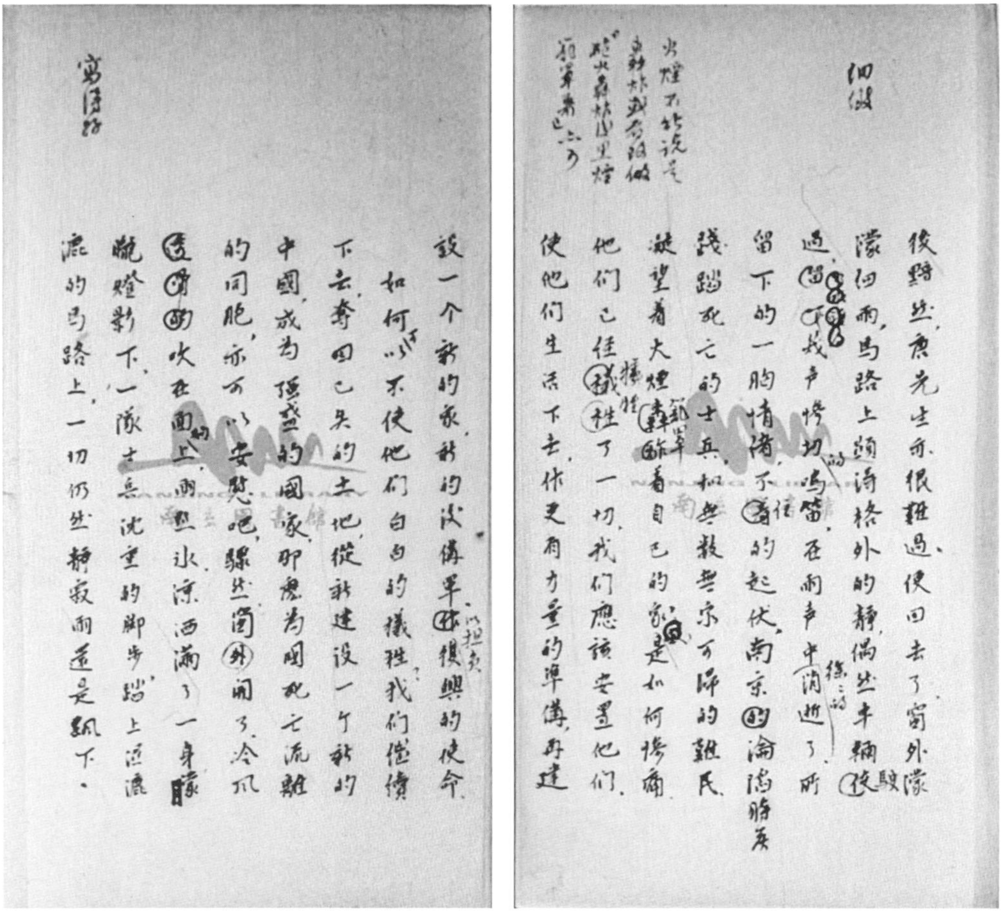
後黯然，應先生亦很難過，便回去了。窗外濛
濛細雨，馬路上顯得格外的靜，偶然半輛汽駛
過，……声悽切嗚咽，在雨声中消逝了。所
留下的一腔情緒，不禁的起伏，南京的淪陷時候
踐踏死亡的士兵，和無數無家可歸的難民，
渴望着大煙麻醉着自己的家是如何悽痛
他們已犧牲了一切，我們應該安置他們，
使他們生活下去，作更有力量的準備，再建
設一个新的家，新的準備，擔負復興的使命，
如何以不使他們白白的犧牲，我們繼續
下去，奪回已失的土地，從新建設一个新的
中國，成為強盛的國家，那麼為國死亡流離
的同胞，亦可以安慰吧，驟然窗外開了，冷風
透……吹在面上，雨點冰涼洒滿了一身，朦
朧燈影下，一隊士兵沉重的腳步踏上泥濘
濘的馬路上，一切仍然靜寂，雨還是飄下。

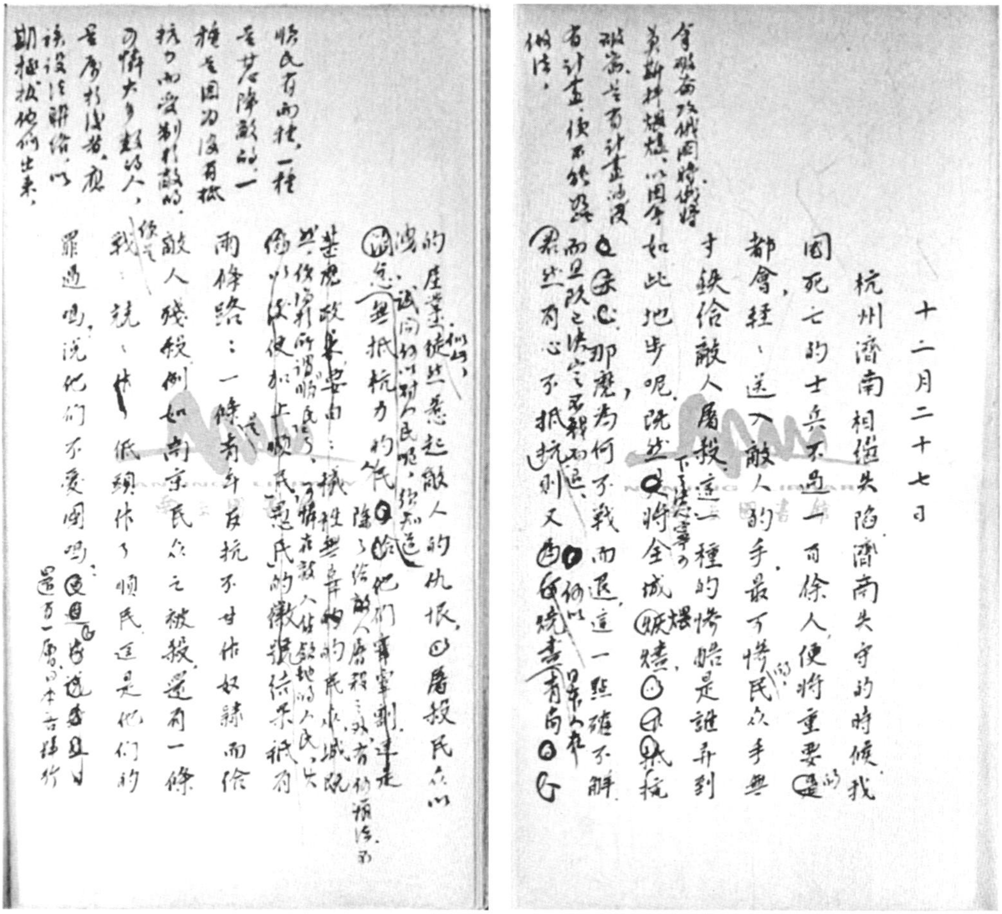
十二月二十七日

杭州濟南相繼失陷，濟南失守的時候，我國死亡的士兵不過一百餘人，便將重要都會輕輕送入敵人的手，最可憐民眾手無寸鐵，給敵人屠殺，這一種的慘酷是誰弄到如此地步呢？

兩條路：一條有反抗不甘作奴隸而給敵人殘殺，例如南京民眾之被殺，還有一條就是低頭作了順民，這是他們的罪過嗎？說他們不愛國嗎？

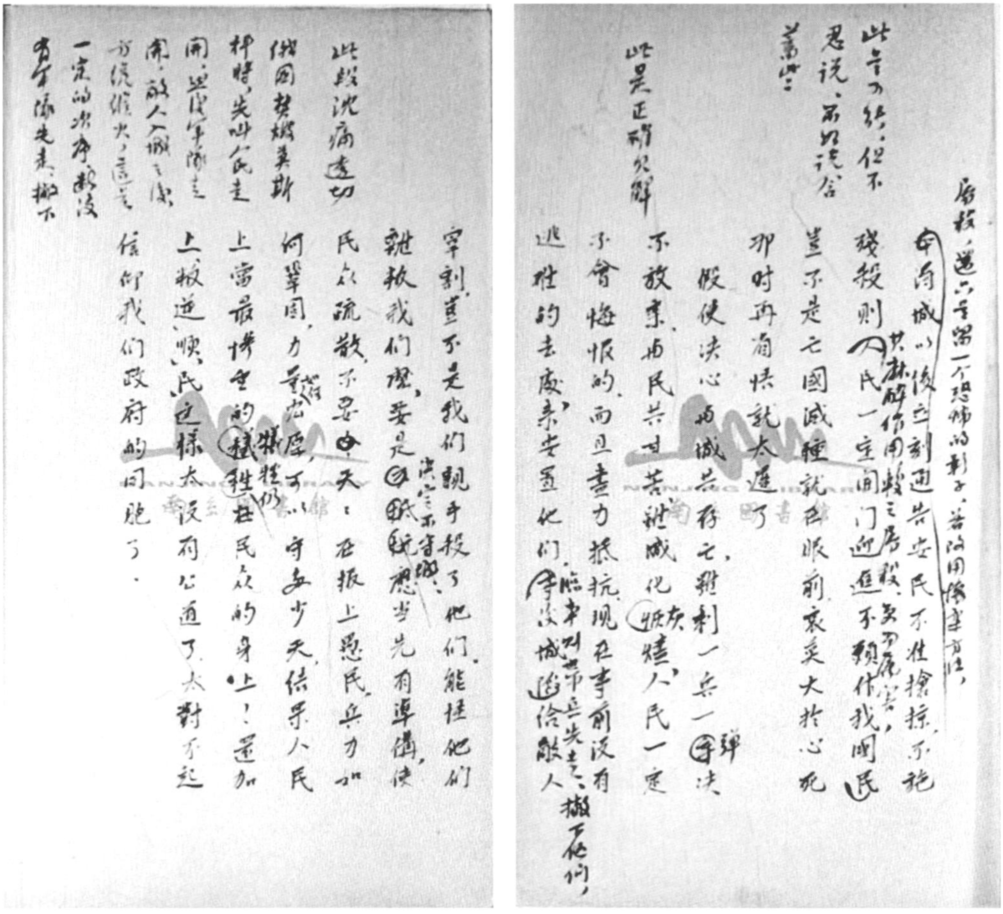

屠殺，這只是留一个恐怖的影子，若以用[illegible]方法，

南京城以後立刻通告安民不准搶掠不施殘殺則人民一定開門迎進不願作我國民（共麻醉作用較之屠殺，實為厲害，）豈不是亡國滅種就在眼前哀莫大於心死那时再痛悔就太遲了

此乃方針，但不忍說，不好說，含蓄些。

假使決心與城共存亡，雖剩一兵一彈決不放棄，與民共甘苦，與城化灰燼，人民一定不會悔恨的，而且盡力抵抗，現在事前沒有遷移的去處，來安置他們，臨事時對于兵士先走，撇下他們，事後城送給敵人

此是正確見解

宰割，豈不是我們親手殺了他們，能怪他們離叛我們麼，要是既決心不守城，應當先有準備，使民眾疏散，不要一天一天在報上恐民，兵力如何等固，力量如何，可以守多少天，信示人民上當最慘重的犧牲仍在民眾的身上！還加上撤退，慘民這樣，太沒有公道了，太對不起信仰我們政府的同胞了。

此段沈痛迫切

俄國焚燬莫斯科時，先叫人民走開，然後軍隊走開，敵人入城之後，方縱火，這是一定的次序，殺沒有叫人先走，撇下

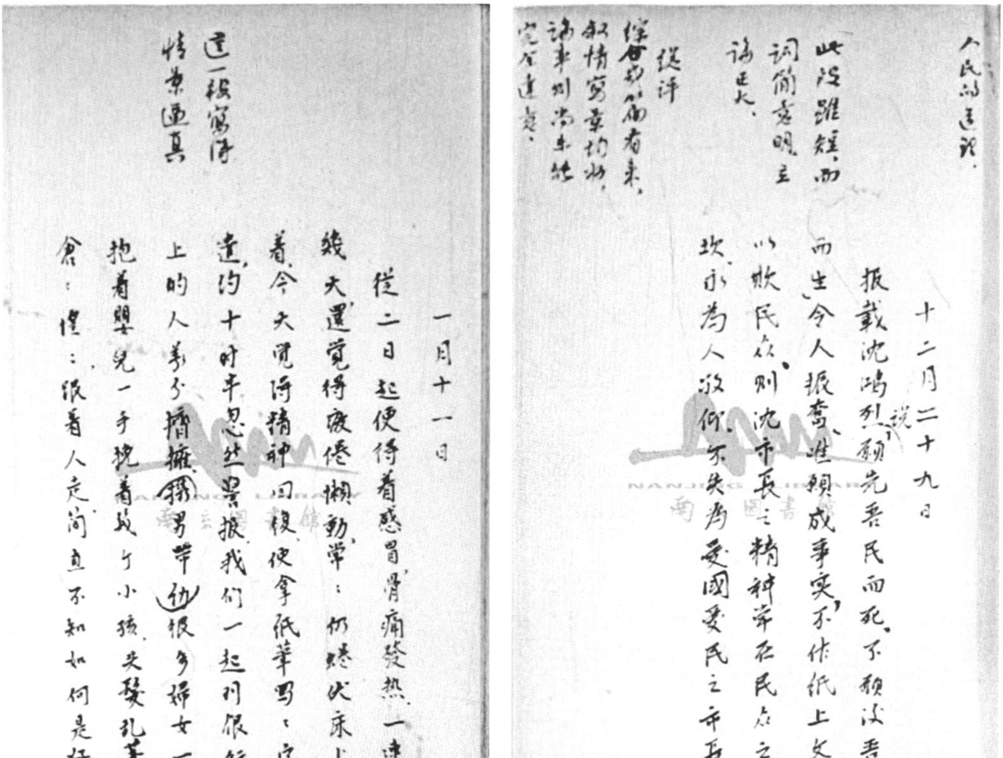
人民的退說。
十二月二十九日
振戴沈鴻烈說：顧先吾民而死，不願後吾民
而生。令人振奮，進頓成事實，不依紙上文章
以欺民衆，則沈市長之精神常在民衆之心
坎，亦為人敬仰，不失為愛國愛民之市長矣。
此段雖短，而詞簡意明，立論正大。
從評
從母親所看來，敘情寫景均妙，論事則尚未能完全達意。
一月十一日
從二日起便得着感冒骨痛發熱，一連好
幾天還覺得疲倦懶動，常常仍然伏床上躺
着，今天覺得精神回復，便拿紙筆寫寫字消
遣，約十時半忽然警報，我們一起到很行街
上的人著了慌擁擠，男帶幼，很多婦女一手
抱着嬰兒一手挽着幾個小孩，頭髮孔蓬蓬的，
倉倉惶惶跟着人走，簡直不知如何是好，老
這一段寫得情景逼真

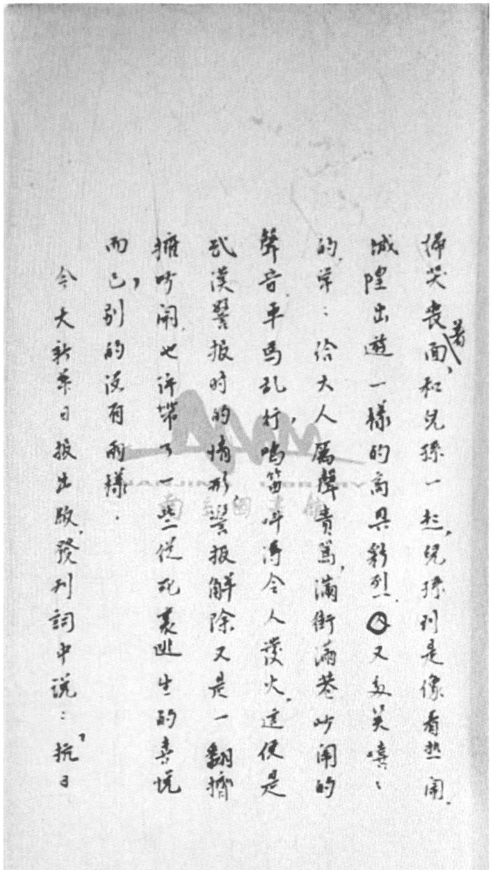

堆笑着面，和兒孫一起，兒孫們是像看熱鬧
城隍出遊一樣的高興彩烈，又如笑噱、
的是：給大人厲聲責罵，滿街滿巷吵鬧的
聲音平為亂打，鳴笛吹得令人發火，這便是
武漢警報時的情形，警報解除又是一翻擠
擁吵鬧，也許帶了一些從死裏逃生的喜悅
而已，別的沒有兩樣。
今大新華日報出版，發刊詞中說：「抗日

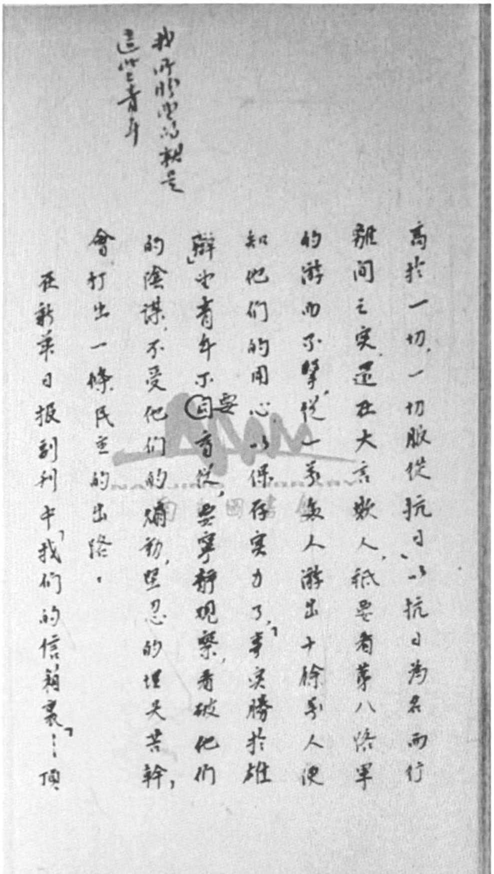

我所說的就是
這些青年

高於一切，一切服從抗日」，以抗日為名而行
離間之實，還在大言欺人，祇要看第八路軍
的游而不擊，從一萬人游出十餘萬人，便
知他們的用心，以保存實力了，「事實勝於雄
辯」也青年不要盲從，要冷靜觀察，看破他們
的陰謀，不受他們的煽動，堅忍的埋頭苦幹，
會打出一條民主的出路。
在新華日報副刊中「我們的信箱裏」……頃

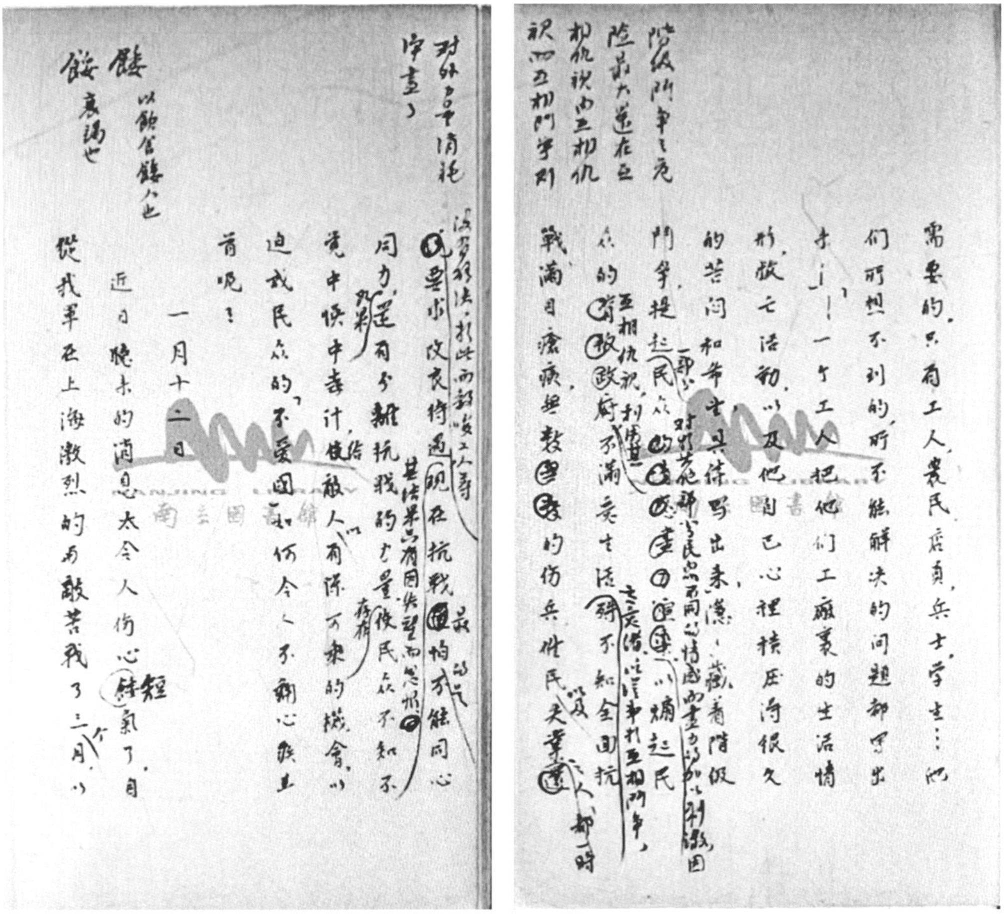

階級鬥爭之危
險，最大道在互
相仇視而互相仇
視而互相鬥爭則

需要的只有工人，農民，店員，兵士，学生……他
們所想不到的，所不能解决的問題都寫出
来！一个工人把他们工廠裏的生活情
形，敌亡活動，以及他自己心裡積压得很久
的苦悶和希望，具体写出来，……藏着階級
鬥爭，提起民众的……以煽起民
众的……政府不滿意生活……不知全国抗
戰滿目瘡痍，無數……的伤兵难民失業……人，都一時

对外之事消耗
守畫）

……要求改良待遇，現在抗戰……怕不能同心
同力，……有分離抗戰的力量，使民众不知不
覺中墮入敵人的計，……有深不可测的機會，以
迫我民众的不愛國，何令人不痛心疾
首呢！

一月十二日

近日聽来的消息太令人傷心短氣了，自
從我軍在上海激烈的与敵苦戰了三個月，以

饐
餲
以飲食饐人也
衰謁也

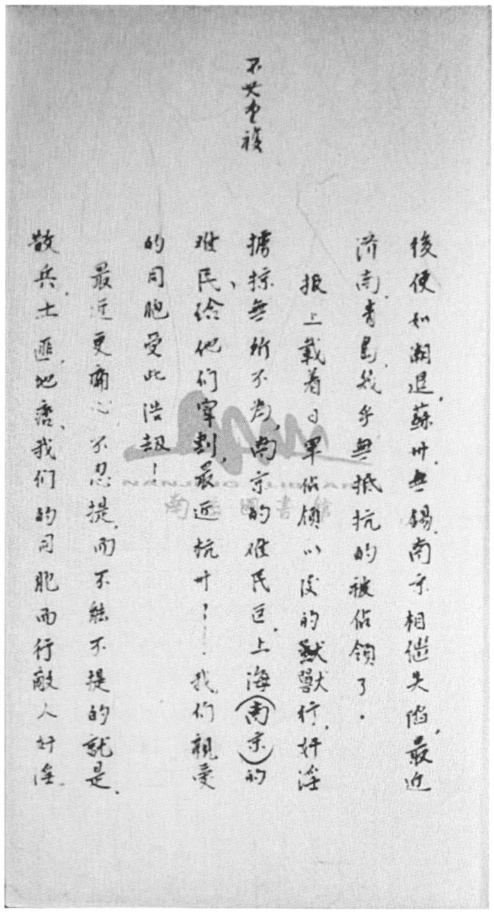

不堪回顧

後使如潮退，蘇州，無錫，南京相繼失陷，最近濟南，青島，幾乎無抵抗的被佔領了。

報上載着日軍佔領以後的獸行，奸淫擄掠，無所不為，南京的難民，上海（南京）的難民、給他們宰割，最近杭州！……我們親愛的同胞受此浩劫！

最近更痛心，不忍提，而不能不提的就是，散兵，土匪，地痞，我們的同胞而行敵人奸淫

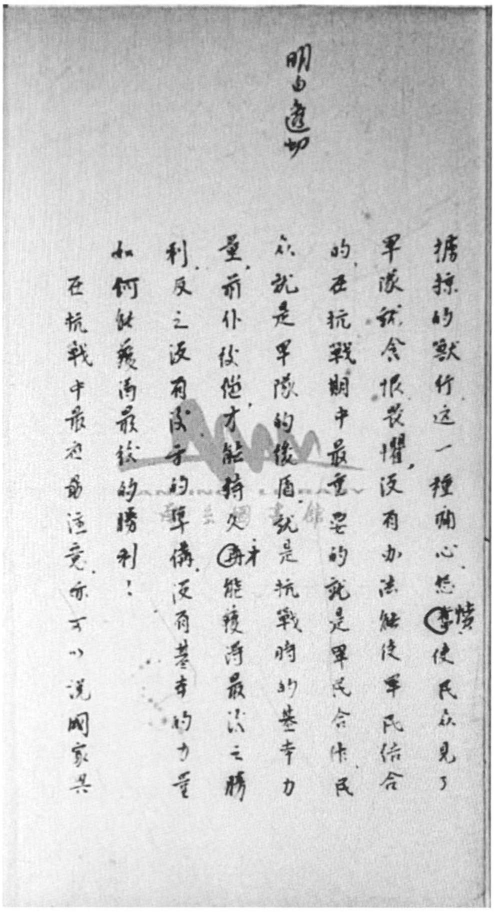

明白透切

擄掠的獸行，這一種痛心，慘情使民眾見了軍隊就會很恐懼，沒有辦法能使軍民合作的，在抗戰期中最重要的就是軍民合作，民眾就是軍隊的後盾，就是抗戰時的基本力量，前仆後繼才能持久，才能獲得最後之勝利，反之沒有這的準備，沒有基本的力量如何能獲得最後的勝利！

在抗戰中最容易流產，亦可以說國家其

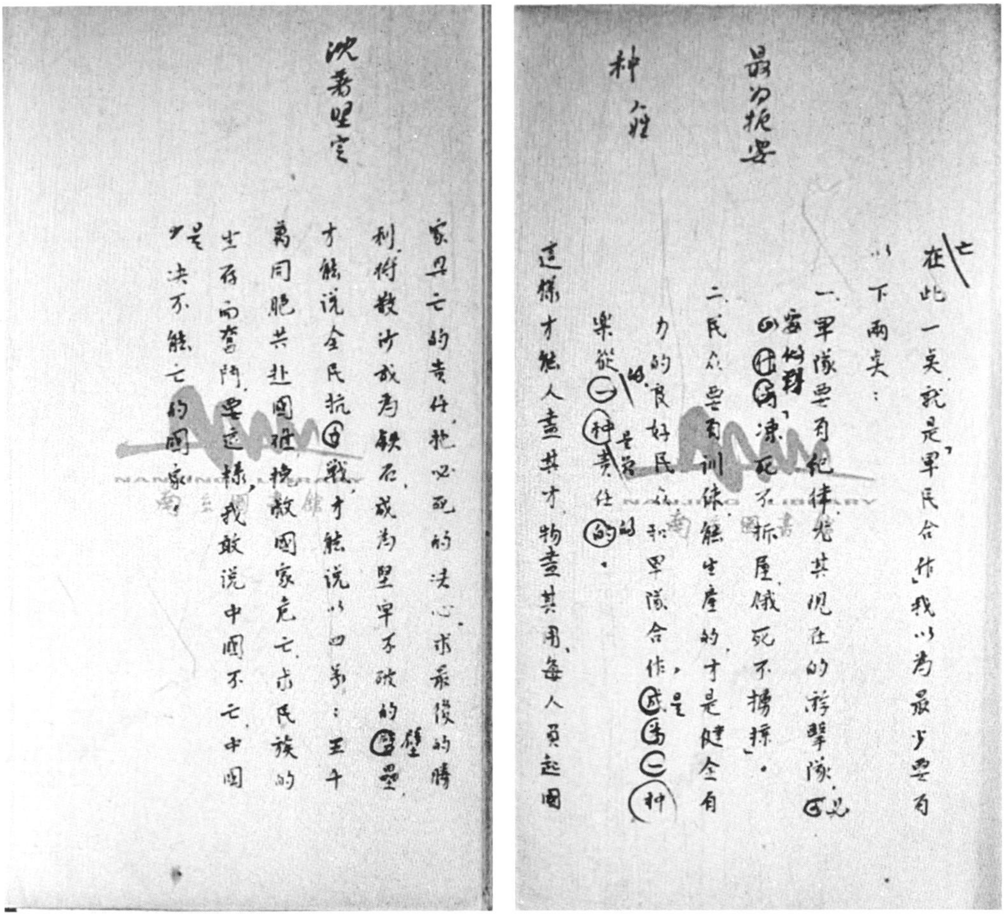
七 在此一点就是军民合作，我以为最少要有以下两点：
一、军队要有纪律，尤其现在的游击队，（应）见（安）份子（不）住（房）「冻死不拆屋，饿死不掳掠」。
二、民众要有训练，能生产的才是健全有力的良好民众，和军队合作，是（民）众（一）种乐从（一）种责任的。
这样才能人尽其才，物尽其用，每人负起国家兴亡的责任，抱必死的决心，求最后的胜利，将敌方成为缺石，成为坚牢不破的（堡）壁垒，才能说全民抗（日）战，才能说以四万万五千万同胞共赴国难，挽救国家危亡，求民族的生存而奋斗，要这样，我敢说中国不亡，中国是决不能亡的国家，

最为扼要
神雄
沈着坚定

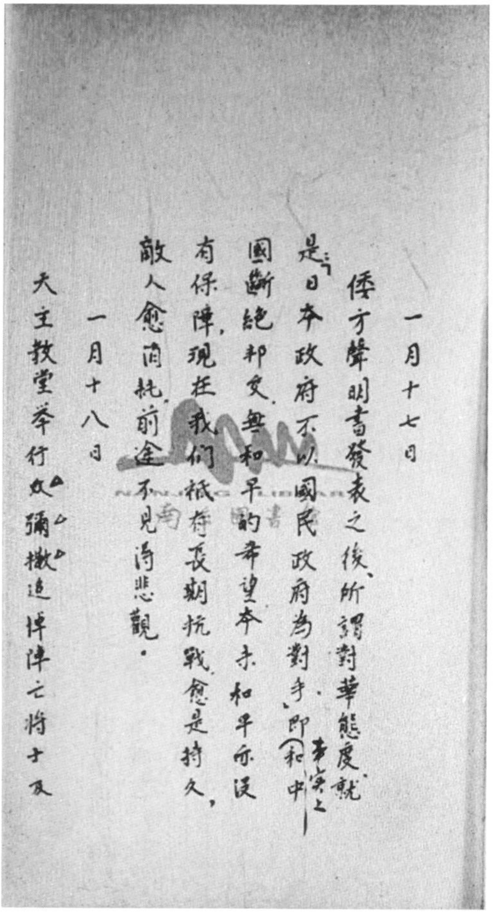
一月十七日
倭方聲明書發表之後、所謂對華態度、就是「日本政府不以國民政府為對手」、即「事實上和中國斷絕邦交」、無和平的希望。本來和平亦沒有保障、現在我們祇有長期抗戰、愈是持久、敵人愈消耗、前途不見得悲觀。
一月十八日
天主教堂舉行奴彌撒追悼陣亡將士及

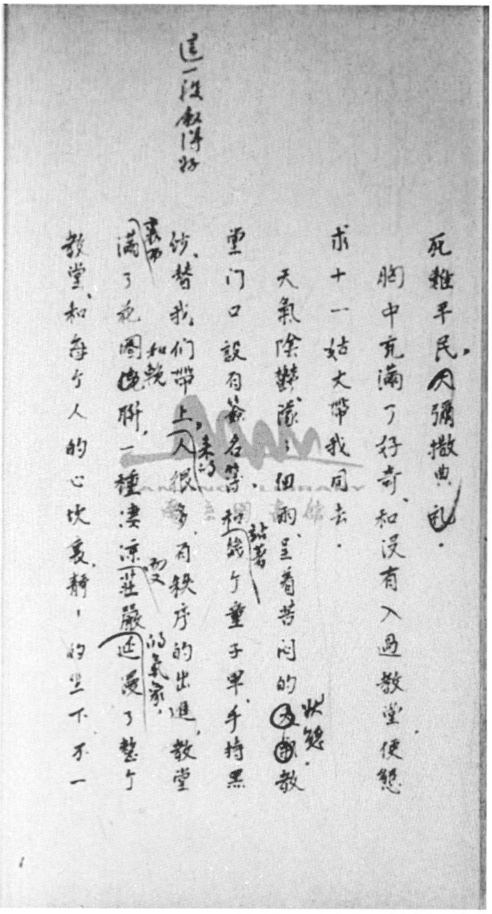
死難平民的彌撒典禮。
胸中充滿了好奇、和沒有入過教堂、便懇求十一姑大帶我同去。
天氣陰鬱鬱、細雨、呈着苦悶的狀態。教堂門口設有簽名簿、站着幾個童子軍、手持黑紗、替我們帶上、來的人很多、有秩序的出進、教堂裏面滿了花圈和輓聯、一種淒涼莊嚴的氣氛、瀰漫了整個教堂、和每個人的心坎裏、靜的坐下、不一

這一段敘得好

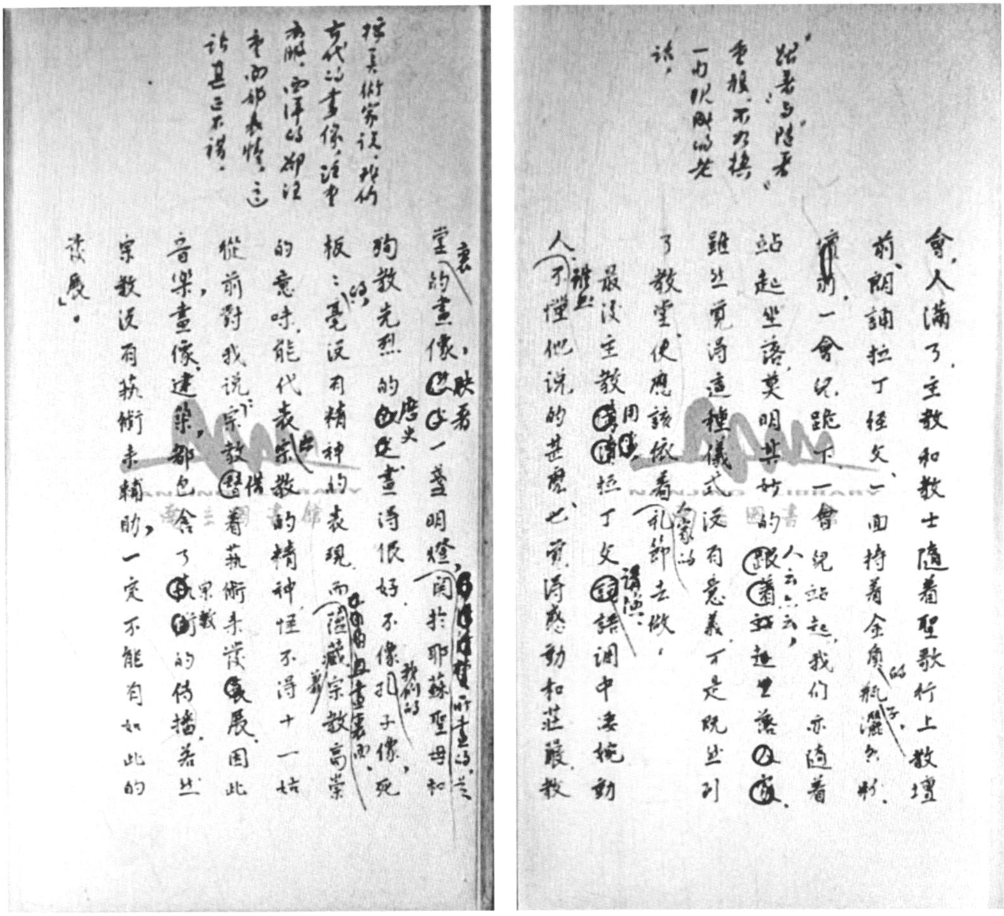
會，人滿了，主教和教士隨着聖歌行上教壇前，朗誦拉丁經文，一面持着金質的瓶子灑聖水，讀了一會兒，跪下，一會兒站起，我們亦隨着站起坐落，莫明其妙的跟着站起坐落，人云亦云，雖然覺得這種儀式沒有意義，可是既然到了教堂，便應該依着禮節去做，最後主教用拉丁文講話，語調中淒婉動人，不懂他說的甚麼，也覺得感動和莊嚴，教堂的畫像，映着一盞明燈，關於耶穌聖母和殉教先烈的畫，畫得很好，不像我們的孔子像，死板板的，竟沒有精神的表現，而隱藏宗教高崇的意味，能代表宗教的精神，怪不得十一妹從前對我說宗教借着藝術來發展，因此音樂，畫像，建築，都包含了宗教的傳播，若然宗教沒有藝術來輔助，一定不能有如此的發展。

據美術家說，我們古代的畫像，注重於藻飾，西洋的卻注重於內部表情，這話甚是不錯。

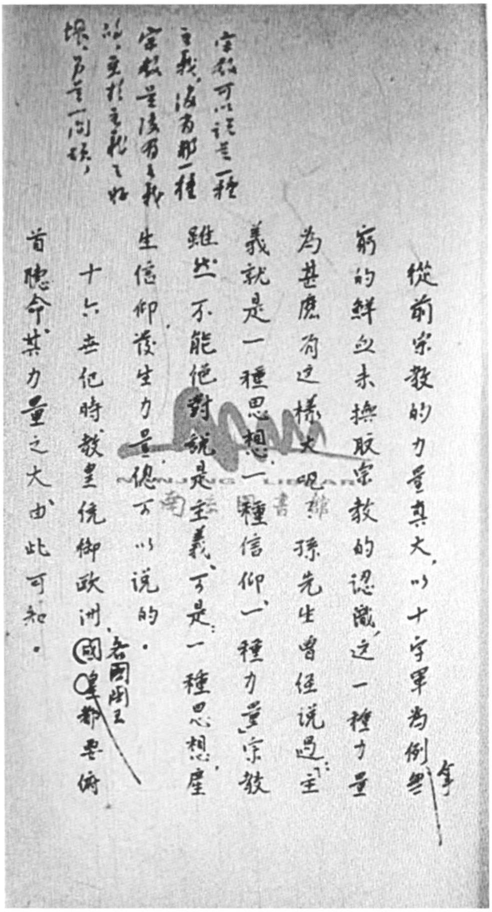

從前宗教的力量甚大，以十字軍為例，
前的鮮血未換取宗教的認識，這一種力量
為甚麼有這樣大呢？孫先生曾經說過：「主
義就是一種思想，一種信仰，一種力量」宗教
雖然不能絕對說是主義，可是一種思想，產
生信仰發生力量，總可以說的。
十六世紀時教皇統御歐洲，各國國王皇帝都要俯
首聽命，其力量之大由此可知。

宗教可以說是一種主義，沒有那一種宗教是沒有主義的，至於主義之好壞，乃是另一問題，

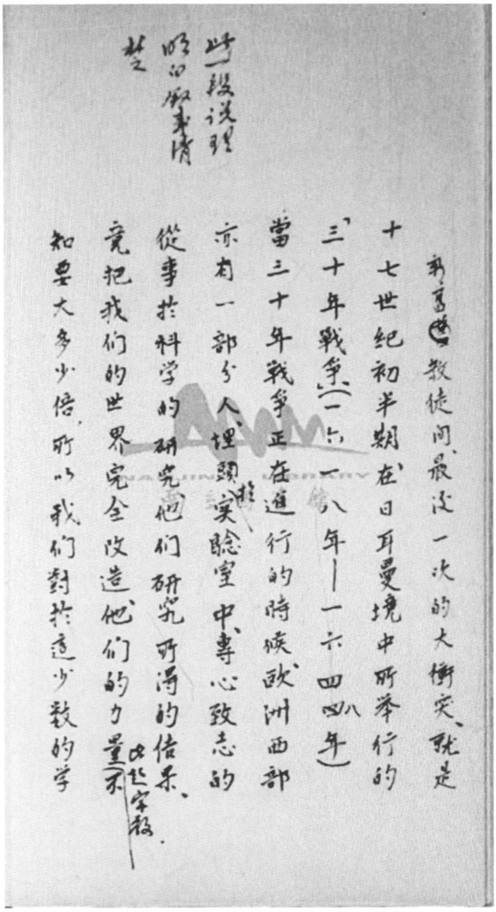

新舊教徒間，最後一次的大衝突，就是
十七世紀初半期在日耳曼境中所舉行的
「三十年戰爭」（一六一八年——一六四八年）
當三十年戰爭正在進行的時候，歐洲西部
亦有一部分人，埋頭於實驗室中，專心致志的
從事於科學的研究，他們研究所得的結果，
竟把我們的世界完全改造，他們的力量比宗教不
知要大多少倍，所以我們對於這少數的學

此一段說理明白，敘事清楚

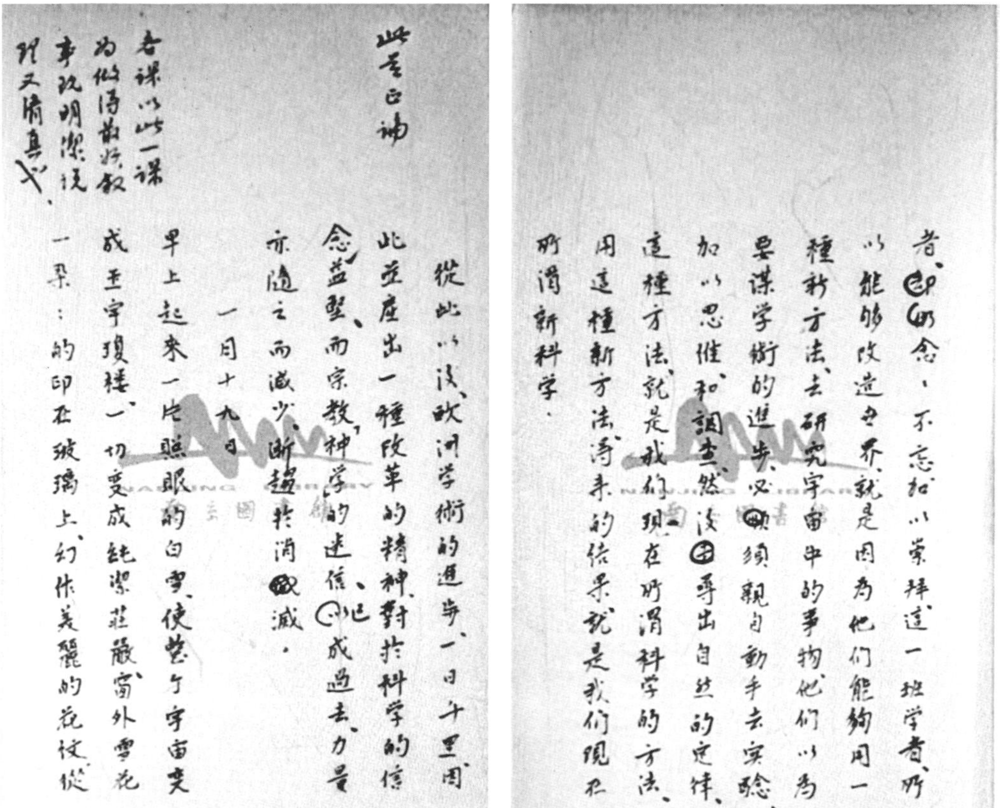

者、即概念，不忘加以崇拜這一班学者，所以能够改造世界，就是因為他們能夠用一種新方法，去研究宇宙中的事物，他們以為要謀学術的進步，必須親自動手去实驗、加以思惟，和調查，然後尋出自然的定律、這種方法，就是我們現在所謂科学的方法、用這種新方法得来的結果，就是我們現在所謂新科学。

從此以後，歐洲学術的進步，一日千里，因此並產出一種改革的精神，對於科学的信念，益堅，而宗教，神学的迷信，已成過去，力量亦隨之而減少，漸趨於消滅。

一月十九日

早上起來，一片眼的白雪，使整个宇宙变成玉宇瓊樓，一切变成純潔莊嚴，窗外雪花一朵朵的印在玻璃上，幻作美麗的花紋，從

此卷已讀

去課以此一課為做得最好，敘事既明潔，條理又清真也。

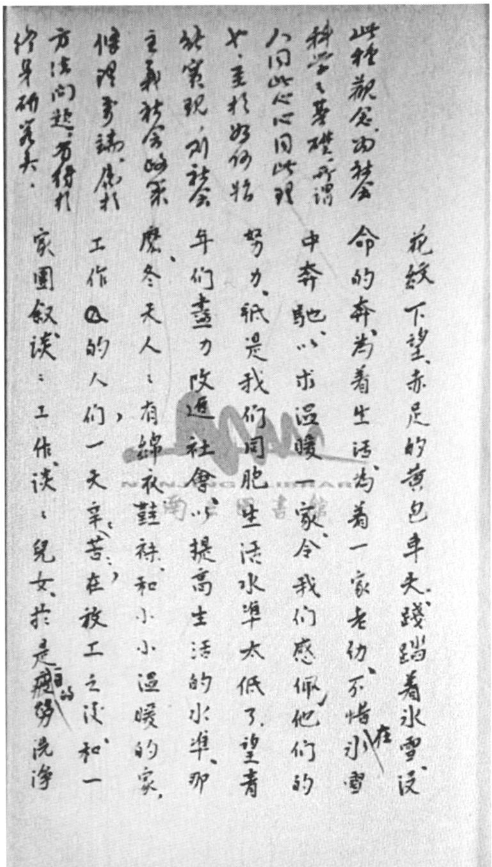

花紋下望，亦是的黃包車夫踐踏着冰雪沒命的奔尚着生活，為着一家老幼，不惜在冰雪中奔馳，以求溫暖一家，令我們感佩他們的努力，祇是我們同胞生活水準太低了，望青年們盡力改進社會，以提高生活的水準，那麼冬天人人，有綿衣鞋袜，和小小溫暖的家，工作的人們一天辛苦，在夜工之後和一家團叙談：工作談，兒女，於是疲勞的洗淨

此種觀念由於革科學之基礎，所謂人同此心，心同此理也，至於好的精神實現，則社會主義社會的來情理事論，應於方法而起，方得於作更研究矣。

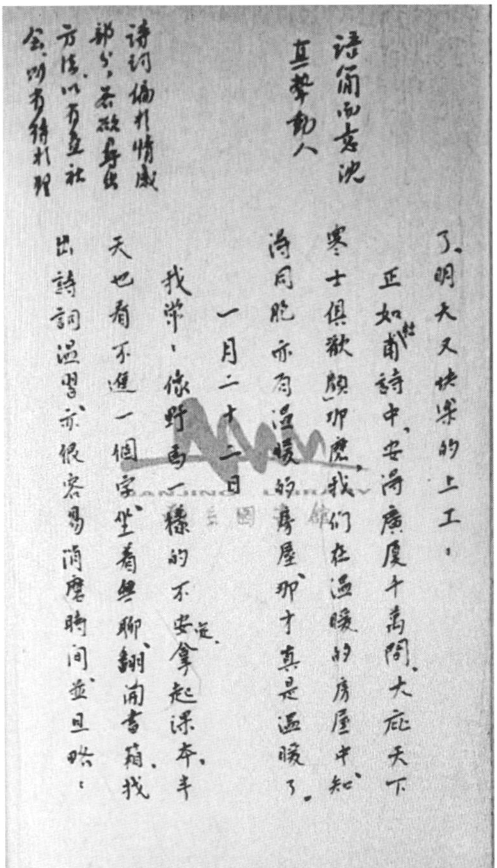

了。明天又快樂的上工，正如杜甫詩中，安得廣廈千萬間，大庇天下寒士俱歡顏，那麼我們在溫暖的房屋中，知得同胞亦有溫暖的寄屋，那才真是溫暖了。

一月二十二日

我常，像野馬一樣的不安定，拿起課本來天也看不進一個字，坐着無聊，翻開書箱，找出詩詞溫習，亦很容易消磨時間並且快。

語簡而意深
真摯動人

詩詞偏於情感部分，若欲尋出方法，以改良社會，則有待於理

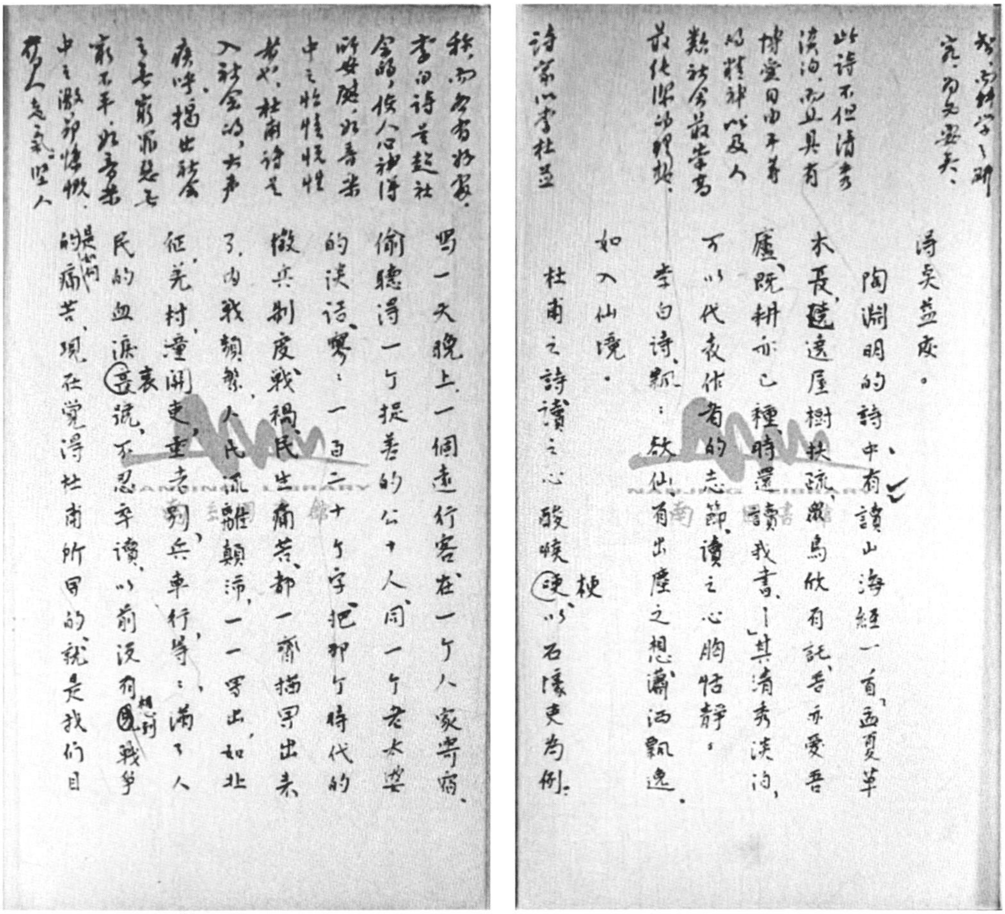
詩矣益疲。
陶淵明的詩中有讀山海經一首「孟夏草
木長，遶屋樹扶疏，衆鳥欣有託，吾亦愛吾
廬，既耕亦已種，時還讀我書，」其清秀淡泊，
可以代表作者的志節，讀之心胸恬靜。
李白詩，飄飄欲仙，有出塵之想，瀟洒飄逸，
如入仙境。
杜甫之詩，讀之心酸喉梗，以石壕吏為例。
寫一天晚上一個遠行客在一個人家寄宿，
偷聽得一個捉差的公人同一個老太婆
的談話，寥寥一百二十個字把那個時代的
徵兵制度，戰禍，民生痛苦，都一齊描寫出來
了，內戰頻繁，人民流離顛沛，一一寫出，如北
征，羌村，潼關吏，垂老別，兵車行等，滿紙人
民的血淚表號，不忍卒讀，以前沒有經過戰爭
的痛苦，現在覺得杜甫所寫的就是我們目

心性苛中，二者
在詩中皆極有
價值，而尤為各
託其性之所近而
有不同，

擊的慘狀，加以機械化、化學的戰爭，比往日更慘酷萬倍，幸而我們的戰爭是為民族生存而鬥爭，所以每人具有為國犧牲的精神，因此更慘重的犧牲亦所不計了。

一月二十三日

穿了一身男裝，跟着琇哥一同去聽爸爸對鄉政人員訓練班演講，每人聽到不戰而焦土的結果人民祇有死。……悲慘地長吁、隱

戰死之痕畫為
義務，給敵人殘
殺，之之乃以何，
不能不且去，給人
民無力之而振
的戰死，則於民
有生，於前之快，

隱滿眼無告的民衆，自殺，投河，餓死，給敵人殘殺，婦孺不能倖免。……演講中說明了國對中國的態度和現在戰爭情形，說明游擊戰的利弊，焦土戰的意義，和鄉政人員今後應有的努力，大意如此。全文報載，詳細已剪下收藏起來了。

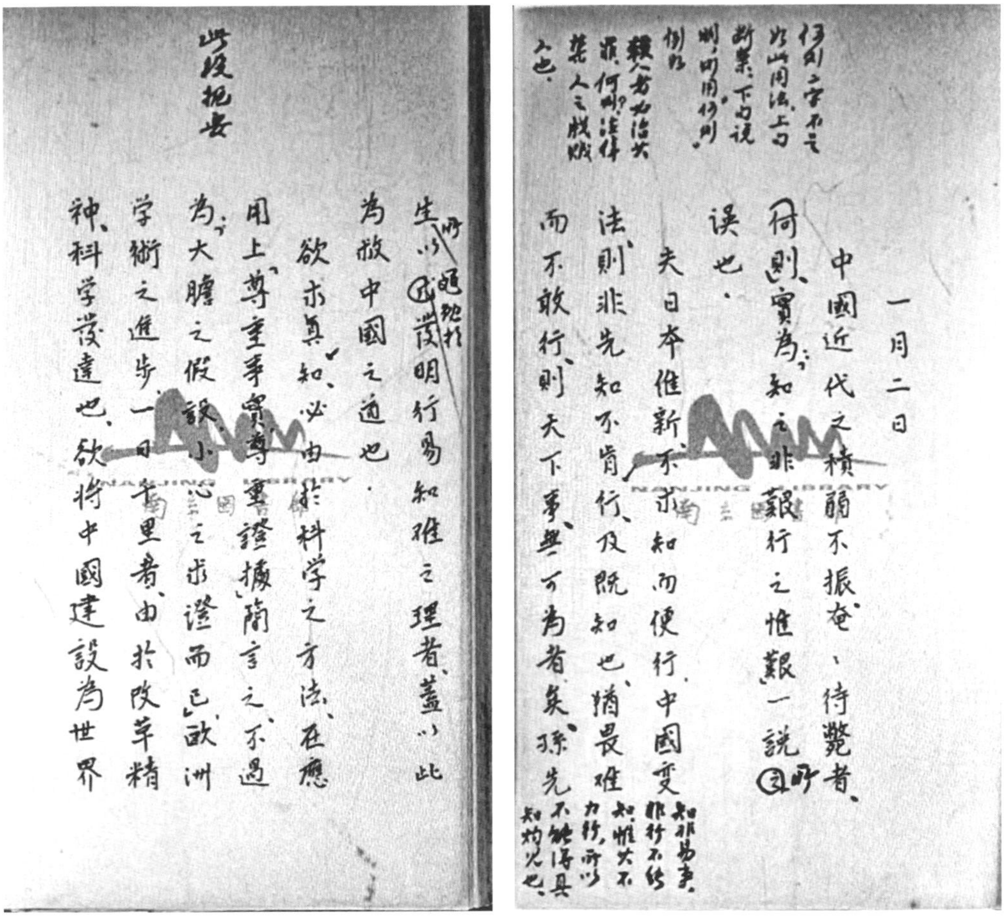

一月二日

中國近代之積弱不振，奄奄待斃者，何則？實為「知之非艱，行之惟艱」一說所誤也。

夫日本維新，不求知而便行，中國變法則非先知不肯行，及既知也，猶畏難而不敢行，則天下事無可為者矣。孫先生所以發明行易知難之理者，蓋以此為救中國之道也。

欲求真知，必由於科學之方法，在應用上尊重事實，尊重證據，簡言之，不過為大膽之假設，小心之求證而已。歐洲學術之進步，一日千里者，由於改革精神，科學發達也。欲將中國建設為世界

此段極妥

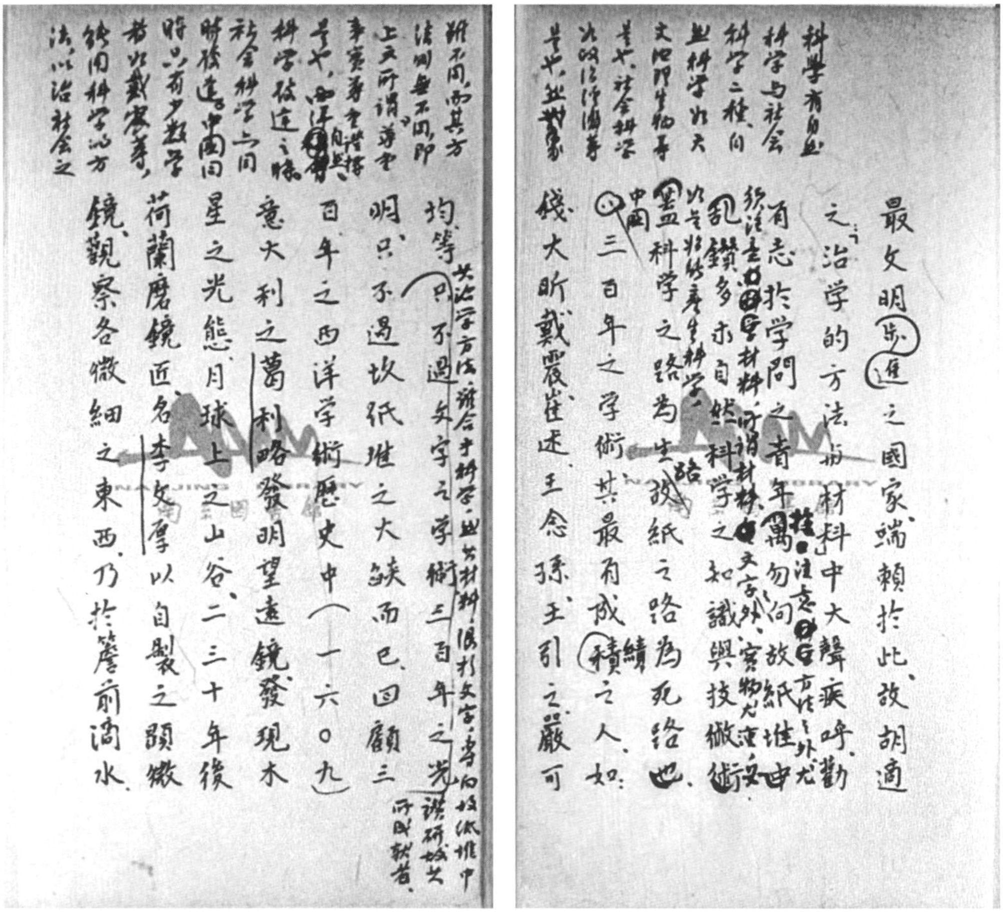

最文明之國家端賴於此，故胡適之「治学的方法與材料」中大聲疾呼，勸有志於学問之青年勿向故紙堆中亂鑽，多求自然科学之知識與技術，蓋科学之路為生路，故紙之路為死路也。三百年之学術，其最有成績之人，如錢大昕、戴震、崔述、王念孫、王引之、嚴可

均等，只不過文字之学術，三百年之光明，只不過故紙堆之大缺而已。回顧三百年之西洋学術歷史中（一六〇九）意大利之葛利略發明望遠鏡，發現木星之光態，月球上之山谷，二三十年後荷蘭磨鏡匠名李文厚以自製之顯微鏡觀察各微細之東西，乃於簷前滴水

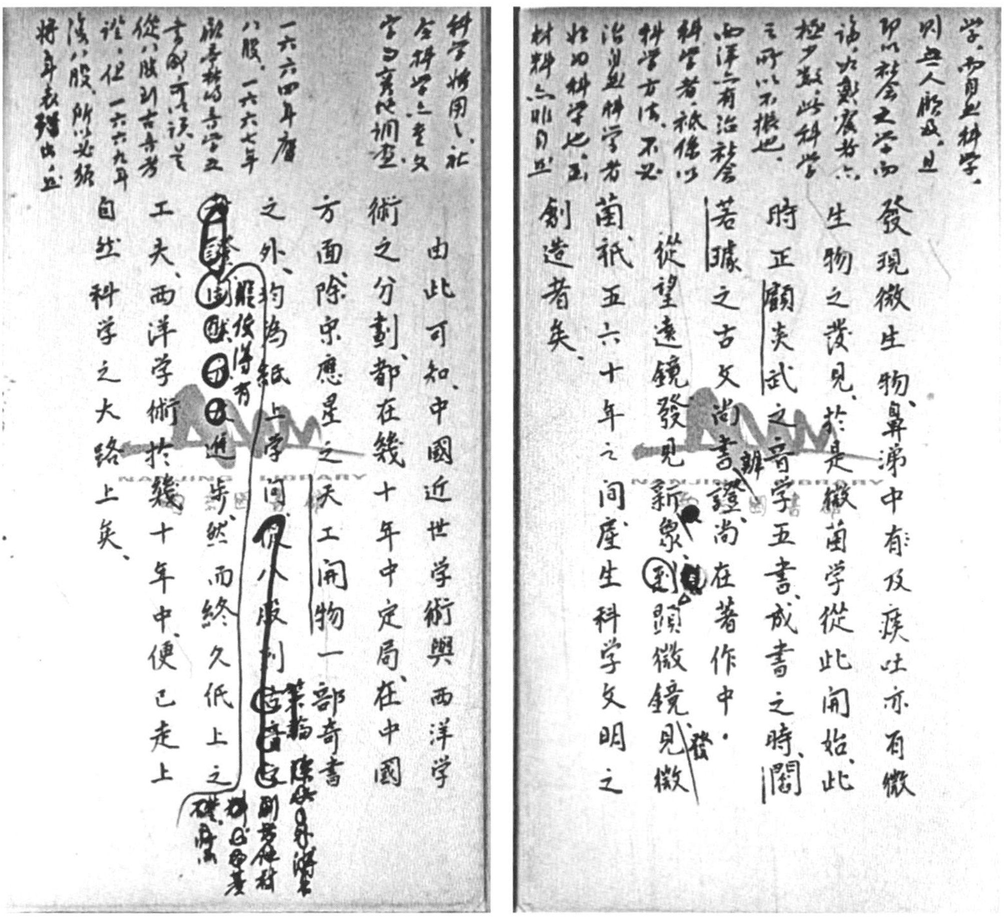
發現微生物、鼻涕中有及痰吐亦有微
生物之發見、於是微菌学從此開始、此
時正顧炎武之音学五書、成書之時、閻
若璩之古文尚書證、尚在著作中。
從望遠鏡發見新象、到顯微鏡見微
菌祇五六十年之间產生科学文明之
創造者矣、

由此可知、中國近世学術與西洋学
術之分劃、都在幾十年中定局、在中國
方面除宋應星之天工開物一部奇書
之外、均為紙上学问、
步、然而終久紙上之
工夫、西洋学術於幾十年中、便已走上
自然科学之大路上矣、

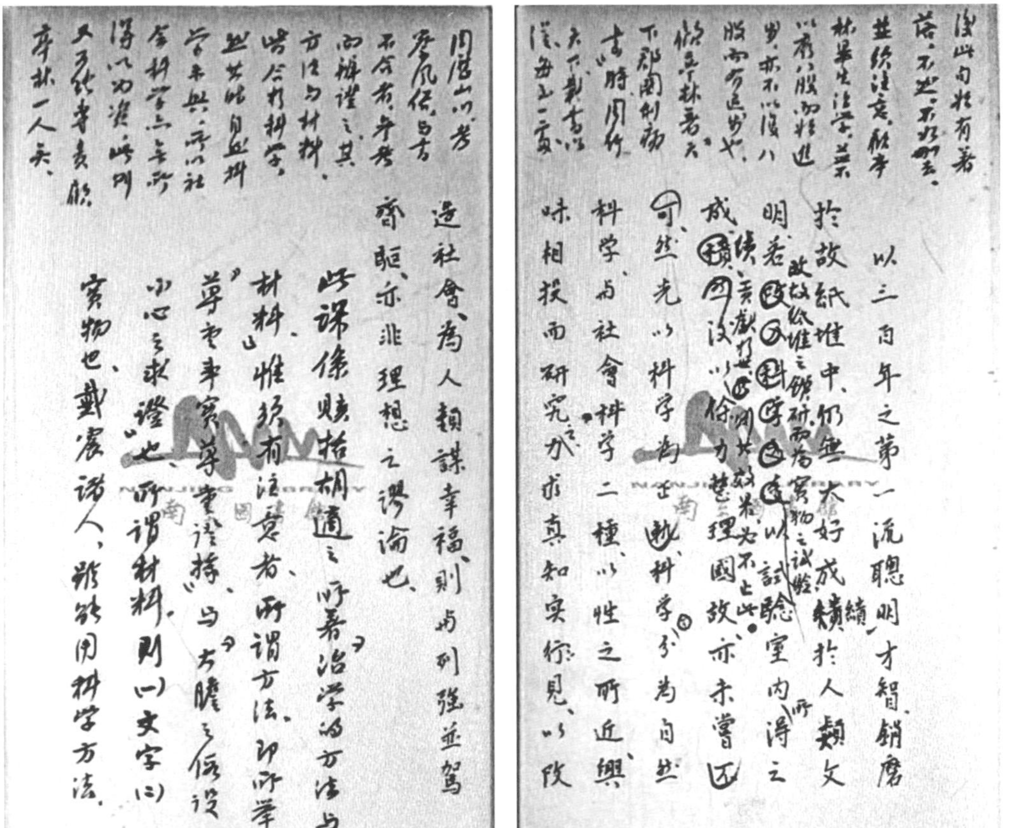
以三百年之第一流聰明才智銷磨
於故紙堆中、仍無大好成績於人類文
科学與社會科学二種、以性之所近與
味相投而研究之、求真知实見、以改
造社會、為人類謀幸福、則與列強並駕
齊驅、亦非理想之謬論也、
此課係賅括胡適之所著治学的方法與
材料、惟於有注意者、所謂方法、即所舉
大膽之假設
小心之求證也、所謂材料、則(一)文字(二)
实物也、戴震諸人、雖能用科学方法、

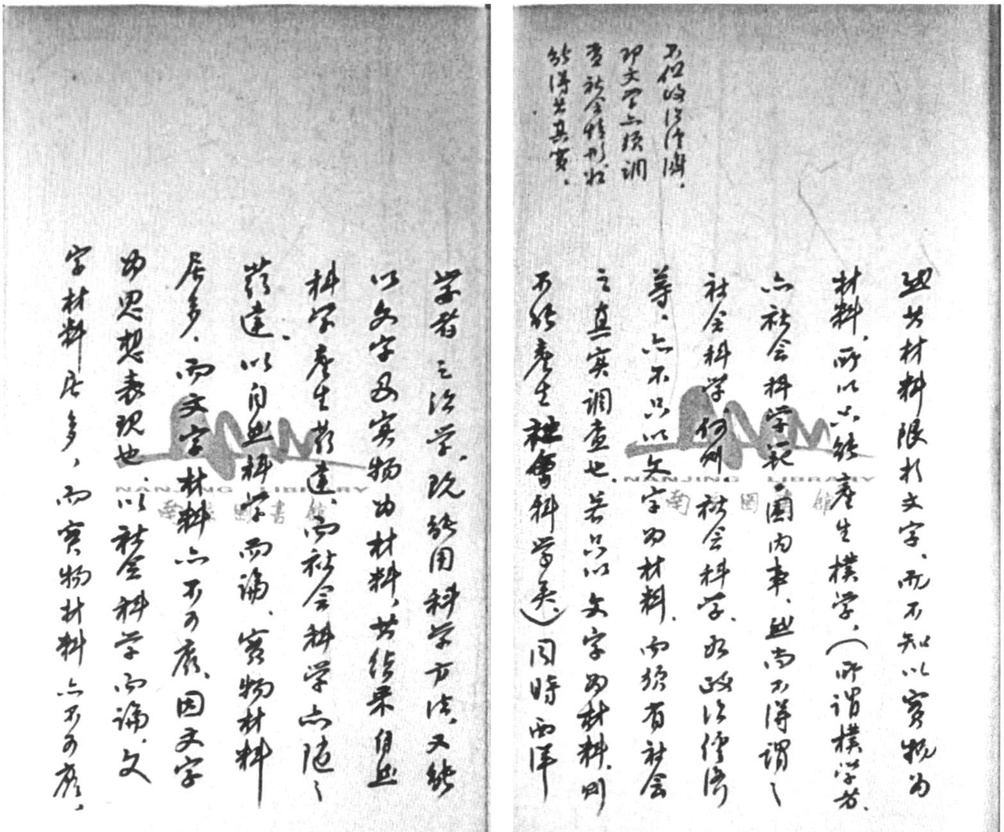

然只材料限於文字，而不知以實物為
材料，所以只能產生樸学（所謂樸学者，
亦社會科学範圍内事，然尚不得謂之
社会科学，何則？社会科学如政治經濟
等，亦不只以文字為材料，而須有社会
之真實調查也。若只以文字為材料，則
不能產生社會科学矣）。同時西洋

不但政治經濟，即文字亦須調查社会情形始得其真實。

学者之治学，既能用科学方法，又能
以文字及實物為材料，其結果自然
科学產生發達，而社会科学亦隨之
發達。以自然科学而論，實物材料
居多，而文字材料亦不可廢，因文字
為思想表現也。以社会科学而論，文
字材料居多，而實物材料亦不可廢。

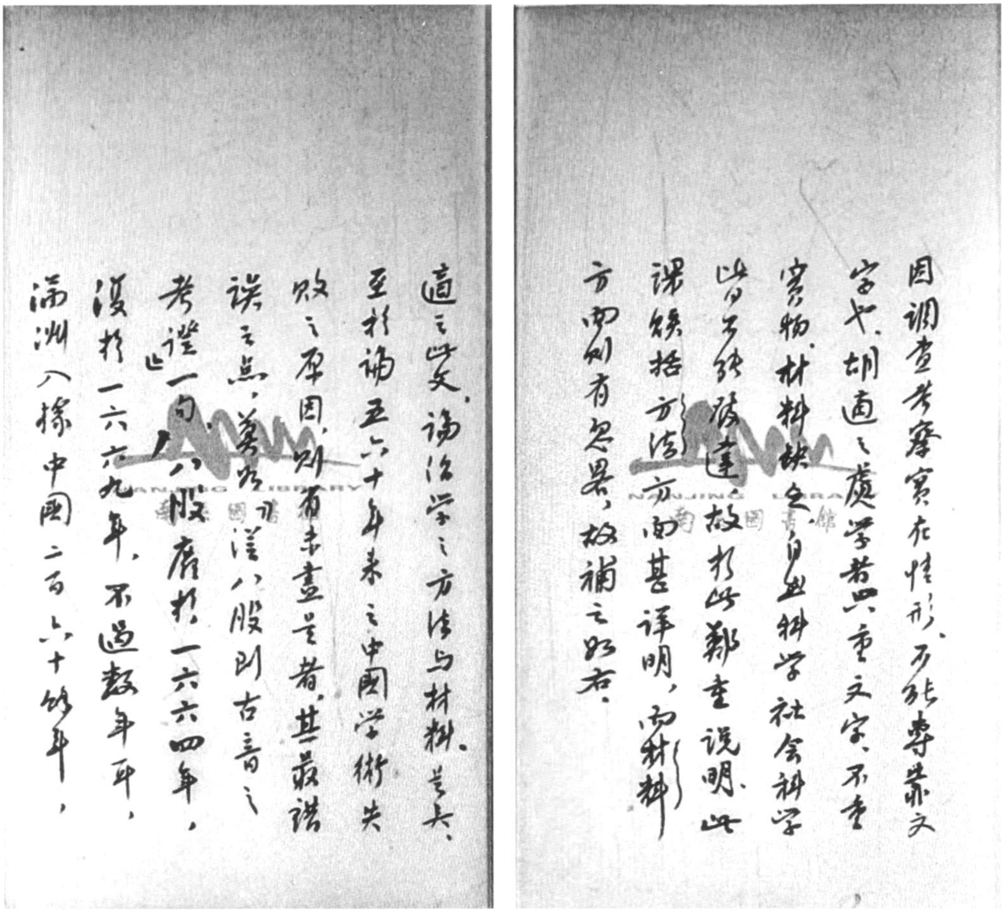

因調查考察實在情形，乃能尊崇文字也。胡適之處学者只重文字，不重实物。材料缺乏，自然科学社会科学皆不能發達。故於此鄭重說明。此課綜括方法方面甚詳明，而材料方面則有忽畧，故補之如右。

適之此文，論治学之方法與材料，善矣。至於論五六十年來之中國学術失敗之原因，則有未盡是者。其最謬誤之點，為漢八股則古音之考證一句。八股廢於一六六四年，復於一六六九年，不過數年耳。滿洲入據中國二百六十餘年，

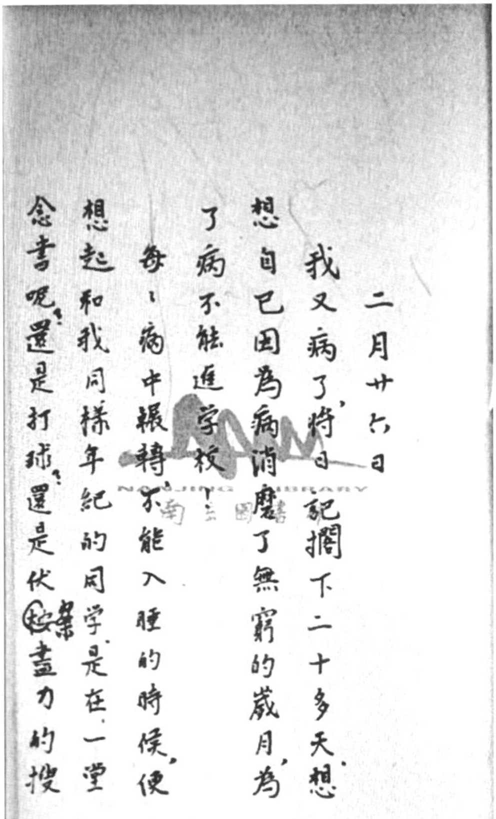

二月廿六日

我又病了，將日記擱下二十多天，想想自已因為病消磨了無窮的歲月，為了病不能進学校，每每病中輾轉不能入睡的時候，便想起和我同樣年紀的同学，是在一堂念書呢？還是打球？還是伏案盡力的搜

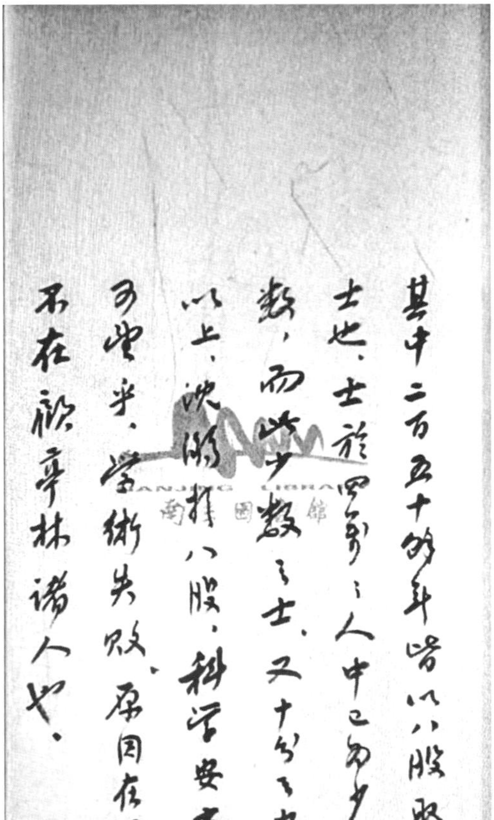

其中二百五十餘年皆以八股取士也。士於四萬萬人中已為少數，而此少數之士，又十分之九以上，沈溺於八股，科学安有可望乎。学術失敗，原因在此，不在顧亭林諸人也。

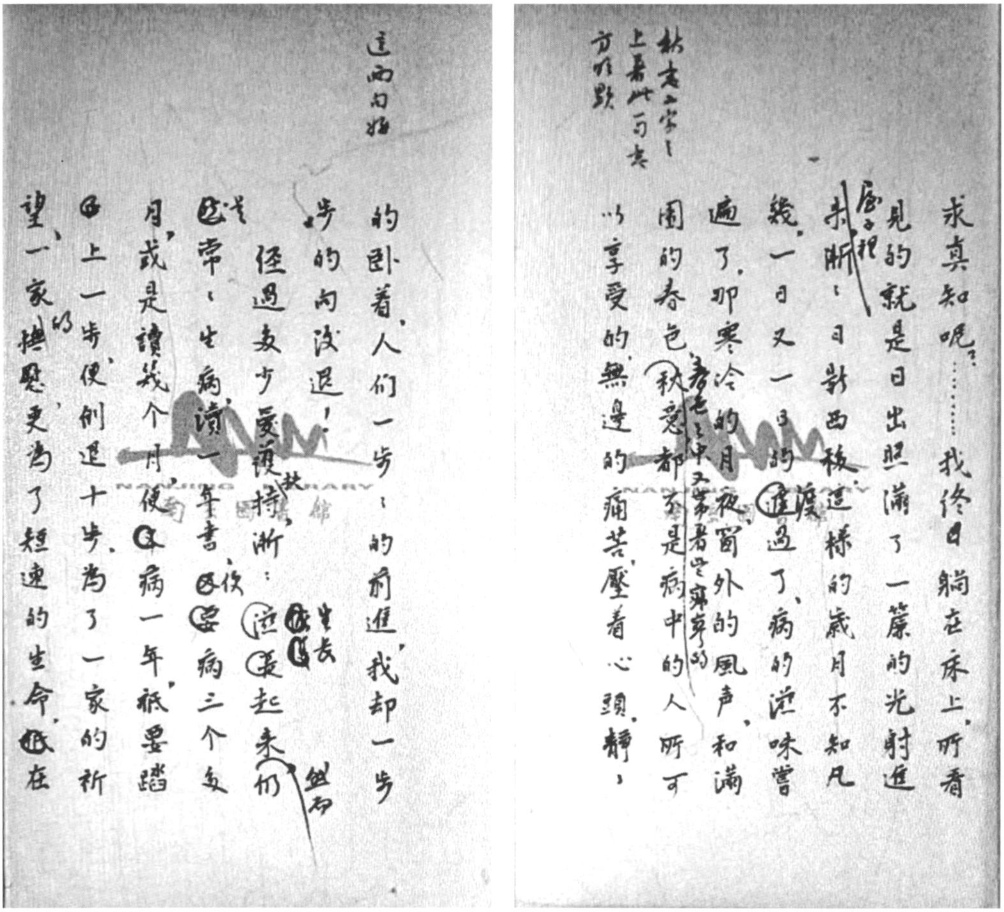

求真知呢？……我終日躺在床上，所看
見的就是日出照滿了一簾的光射進
來，漸〃日影西移，這樣的歲月不知凡
幾。一日又一日的渡過了，病的滋味嘗
遍了。那寒冷的月夜，窗外的風声，和滿
園的春色，秋意，都是病中的人所可
以享受的，無邊的痛苦壓着心頭，靜〃

的臥着，人們一步〃的前進，我却一步
步的向後退！
經過多少愛護扶持，漸〃的起来，仍
常〃生病，讀一年書要病三個多
月，或是讀幾个月便病一年，祇要踏
上一步便倒退十步，為了一家的祈
望，一家的撫慰，更為了短速的生命，在

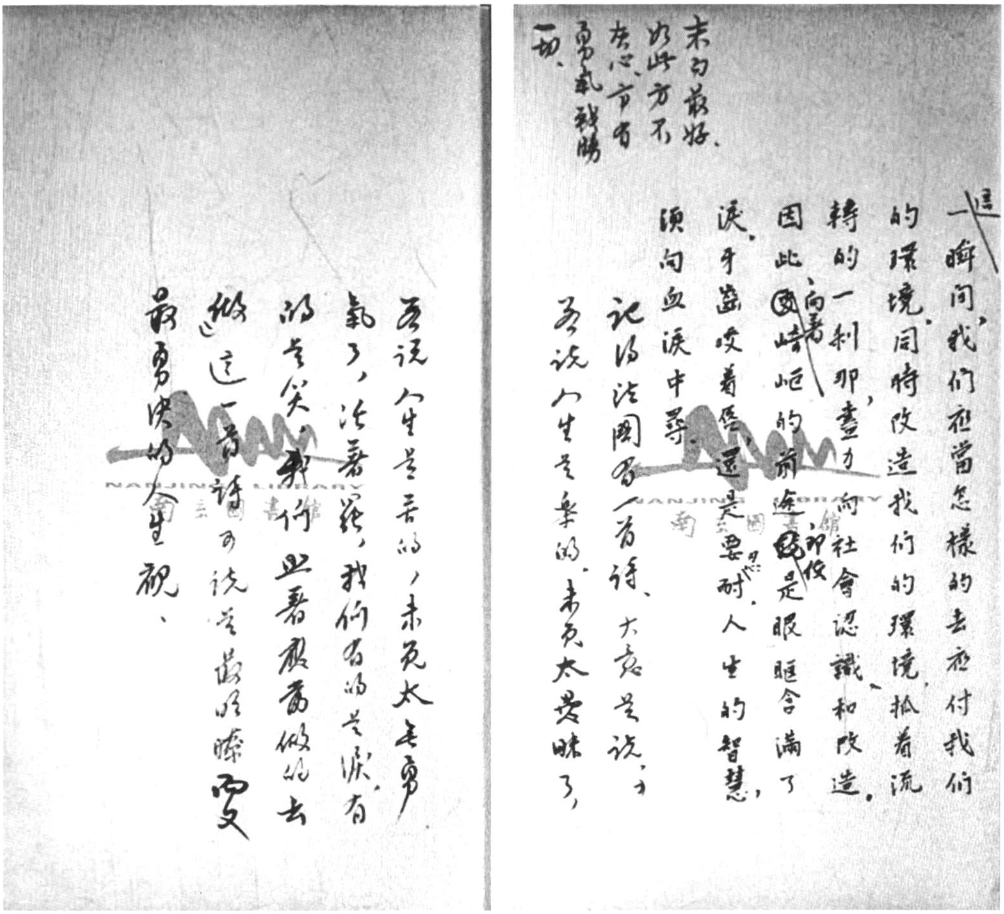
這一瞬間，我们在當怎樣的去应付我们的環境，同時改造我们的環境，抓着流轉的一刹那，盡力向社會認識、和改造。因此，向著崎岖的前途邁進，是眼睛含滿了淚，牙齒咬着唇，還是要耐人生的智慧，頭向血淚中尋。

記得法國有一首詩，大意是說，人要說，人生是悲的，未免太灰暗了，

末句最好，如此方不灰心，亦有勇氣，我勝一切。

要說人生是苦的，未免太无勇氣了，法國詩，我们有的是淚，有的是笑，我們要看我們的去做，這一首詩可說是最明瞭最勇決的人生觀。

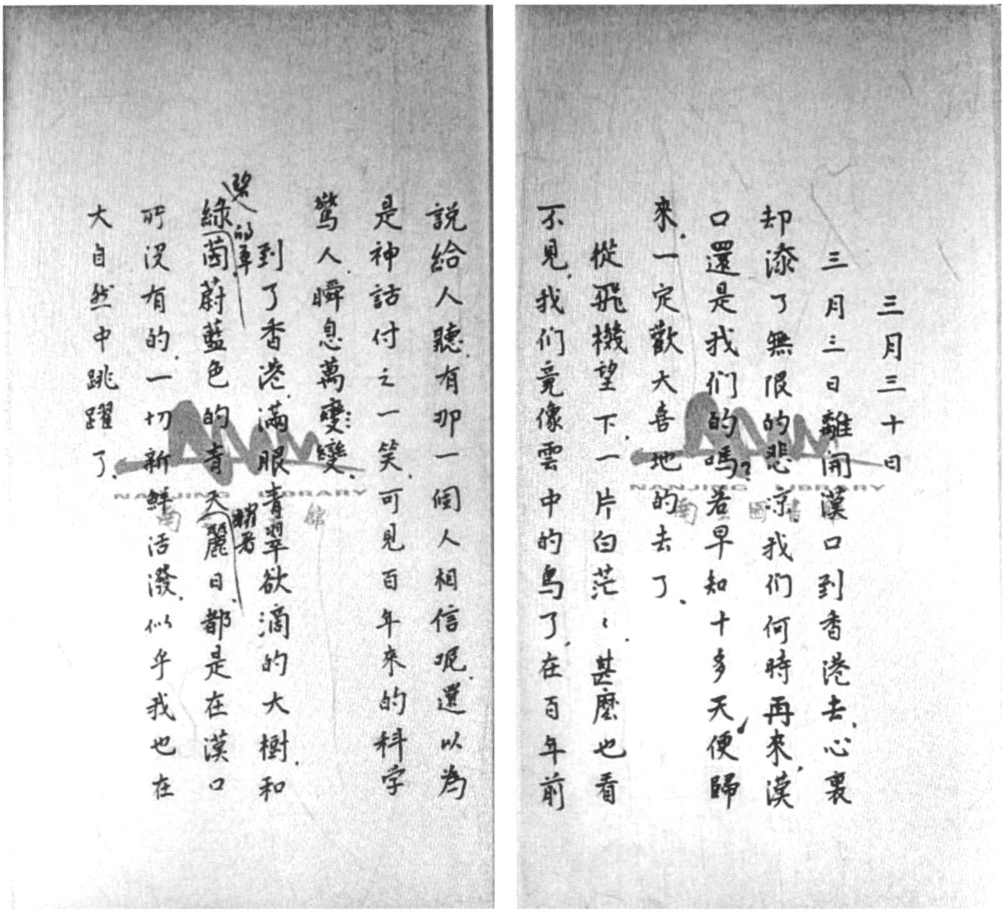

三月三十日

三月三日離開漢口到香港去，心裏却添了無限的悲涼，我們何時再來漢口還是我們的嗎？若早知十多天便歸來，一定歡天喜地的去了。

從飛機望下一片白茫茫，甚麼也看不見，我們竟像雲中的鳥了，在百年前說給人聽，有那一個人相信呢，還以為是神話付之一笑，可見百年來的科学驚人，瞬息萬變變。

到了香港，滿眼青翠欲滴的大樹，和綠茵蔚藍色的青天麗日都是在漢口所沒有的，一切新鮮活潑，似乎我也在大自然中跳躍了。

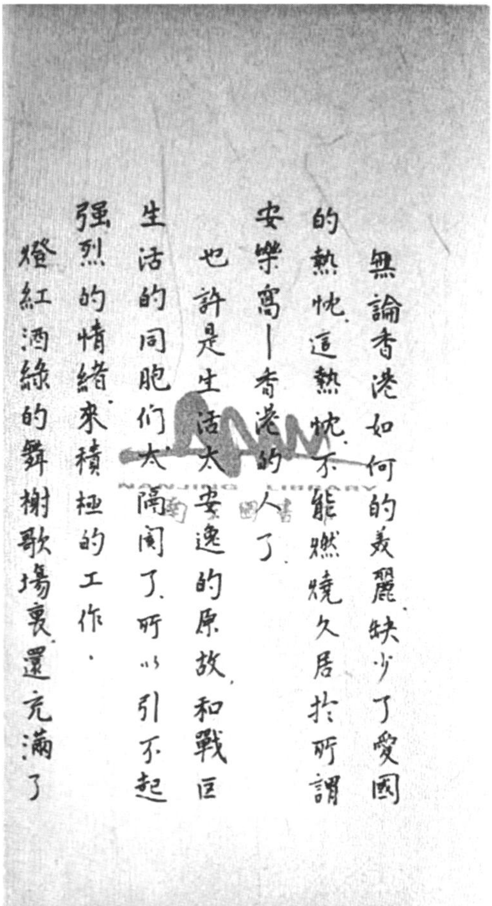
無論香港如何的美麗，缺少了愛國
的熱忱，這熱忱不能燃燒久居於所謂
安樂窩——香港的人了。
也許是生活太安逸的原故，和戰區
生活的同胞們太隔閡了，所以引不起
強烈的情緒來積極的工作。
燈紅酒綠的舞榭歌場裏還充滿了

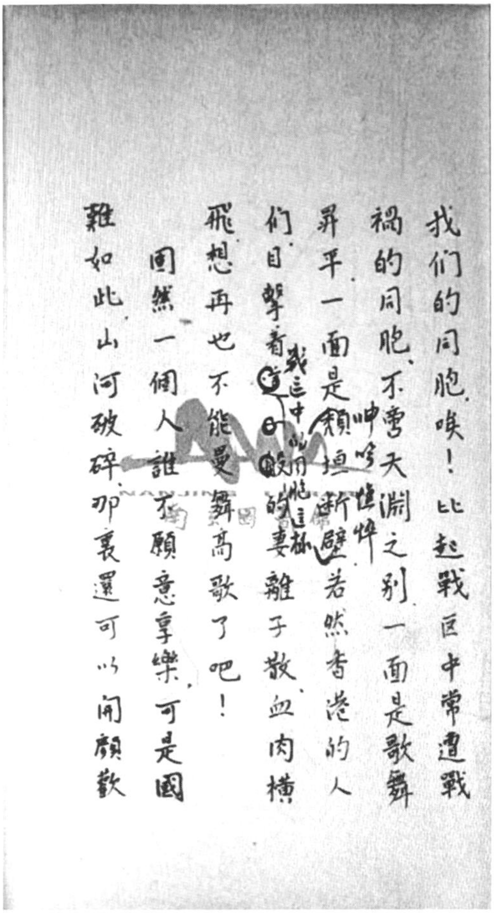
我們的同胞喉！比起戰區中常遭戰
禍的同胞，不曾天淵之別，一面是歌舞
昇平，一面是頹垣呻吟憔悴斷壁，若然香港的人
們目擊着戰區中的同胞這樣的妻離子散，血肉橫
飛，想再也不能曼舞高歌了吧！
固然一個人誰不願意享樂，可是國
難如此，山河破碎，那裏還可以開顏歡

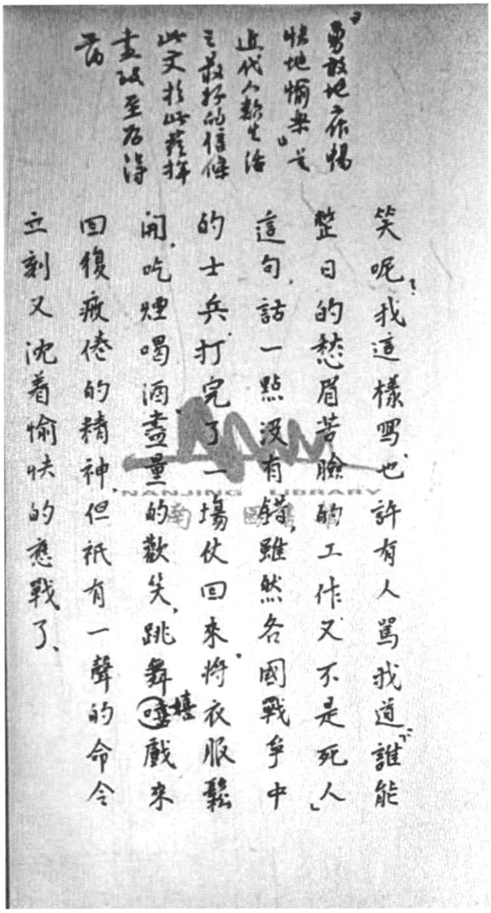
「勇敢地工作，暢快地愉樂」乃近代人類生活之最好的信條，此文於此發揮盡致，至為得當

笑呢！我這樣罵也許有人罵我道「誰能整日的愁眉苦臉的工作又不是死人」這句話一點沒有錯，雖然各國戰爭中的士兵打完了一場仗回來將衣服鬆開，吃煙喝酒盡量的歡笑，跳舞嬉戲來回復疲倦的精神但祗有一聲的命令立刻又沈着愉快的應戰了。

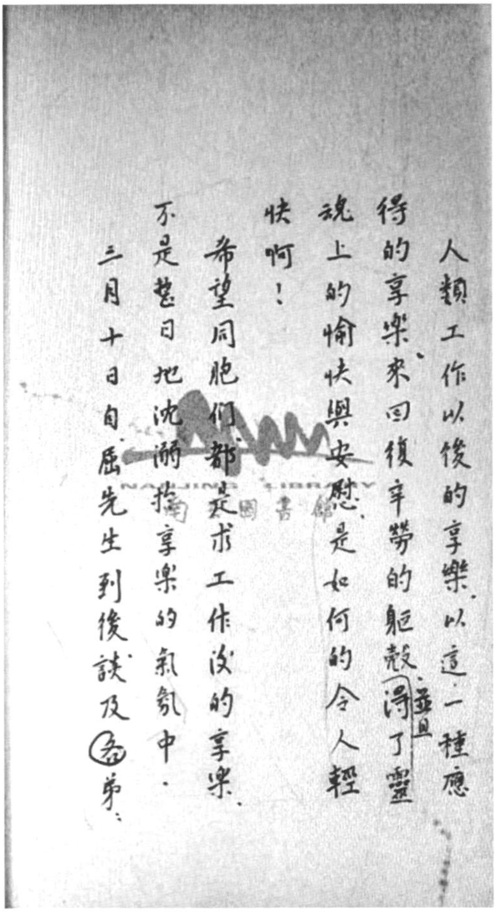
人類工作以後的享樂，以這一種應得的享樂，來回復辛勞的軀殼，並且得了靈魂上的愉快與安慰，是如何的令人輕快啊！

希望同胞們都是求工作後的享樂，不是整日地沈溺於享樂的氣氛中。

三月十日自蜃先生到後談及[illegible]弟：

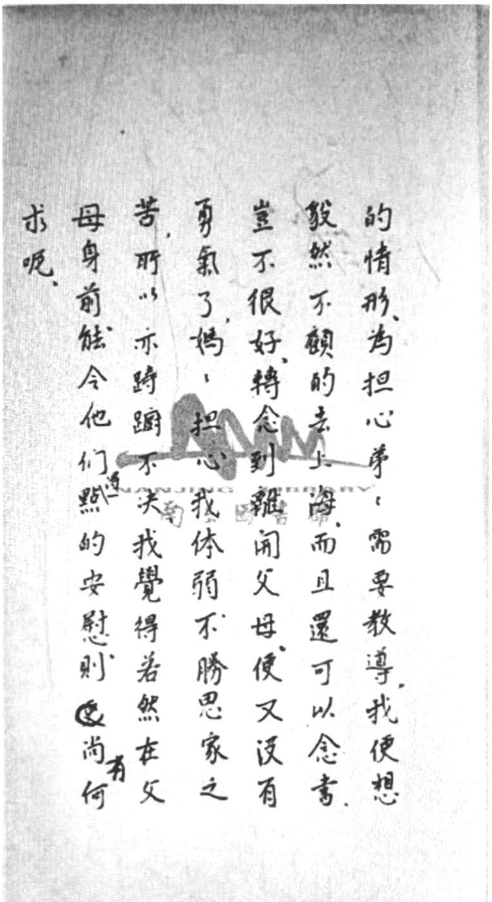
的情形，為担心弟，需要教導，我便想毅然不顧的去上海，而且還可以念書，豈不很好，轉念到離開父母便又沒有勇氣了，媽，担心我体弱不勝思家之苦，所以亦躊躇不決，我覺得若然在父母身前能令他们得點的安慰則尚有何求呢。

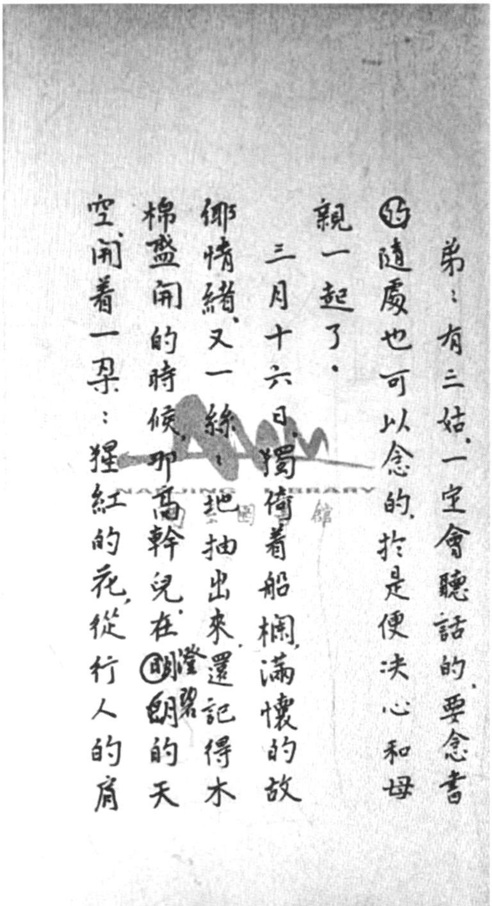
弟，有三姑，一定會聽話的，要念書隨處也可以念的，於是便決心和母親一起了。

三月十六日，獨倚着船欄，滿懷的故鄉情緒，又一絲，一絲，把抽出來，還記得木棉盛開的時候，那高幹兒在澄碧朗的天空，開着一朵，一朵，猩紅的花，從行人的肩

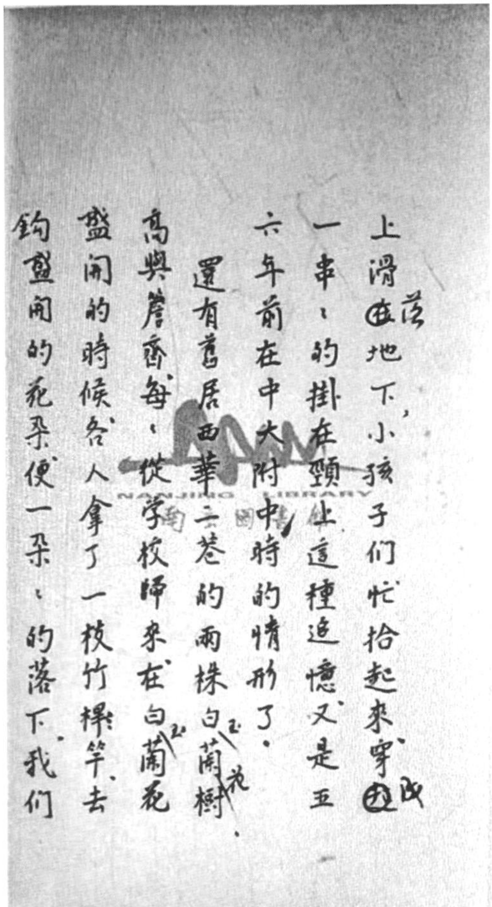

上滑落地下，小孩子們忙拾起來穿成
一串串的掛在頸上，這種追憶又是五
六年前在中大附中時的情形了。
還有舊居西華二巷的兩株白蘭花樹，
高與簷齊，每每從學校歸來在白蘭花
盛開的時候，各人拿了一枝竹欅竿、去
鈎盛開的花朵，便一朵朵的落下。我們

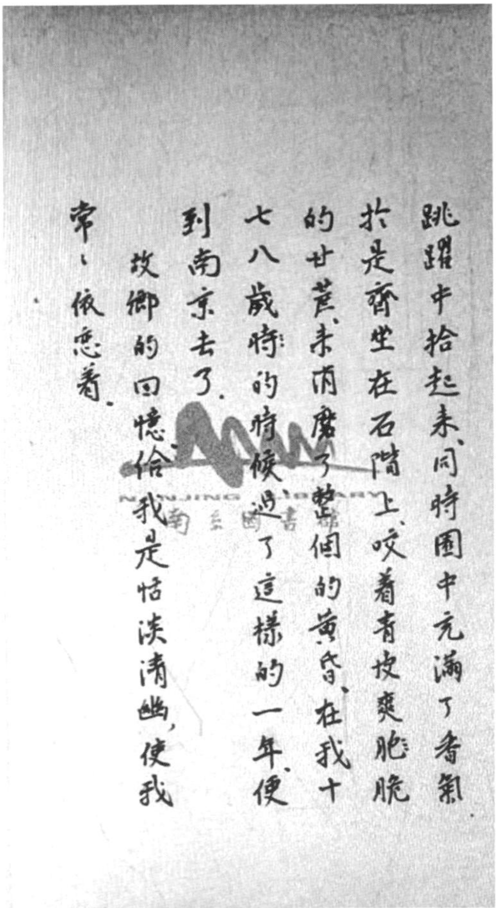

跳躍中拾起來，同時園中充滿了香氣。
於是齊坐在石階上，咬着青皮爽脆脆
的甘蔗，來消磨了整個的黃昏。在我十
七八歲時的時候，過了這樣的一年，便
到南京去了。
故鄉的回憶給我是恬淡清幽，使我
常常依戀着。

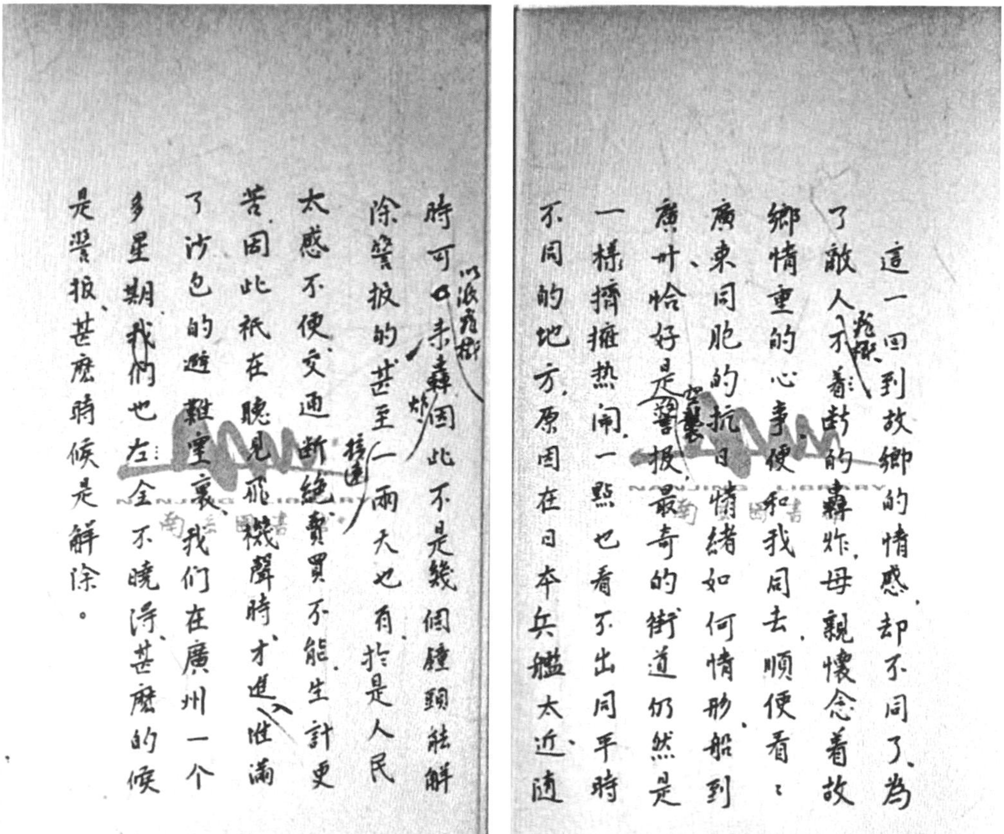

這一回到故鄉的情感，却不同了，為
了敵人不着斷的轟炸，母親懷念着故
鄉情重的心事，便和我同去，順便看看
廣東同胞的抗日情緒如何情形。船到
廣州、恰好是警報，最奇的街道仍然是
一樣擠擁热鬧，一點也看不出同平時
不同的地方，原因在日本兵艦太近、隨
時可來轟炸，因此不是幾個鐘頭祛解
除警報的，甚至一兩天也有，於是人民
太感不便，交通斷絕，買賣不能，生計更
苦，因此祇在聽見飛機聲時，才進入堆滿
了沙包的避難室裏，我们在廣州一个
多星期，我們也左全不曉得、甚麼的候
是警報、甚麼時候是解除。

黃昏後坐了汽車駛進黃花岡的道上、先烈的墓前我们站起鞠躬致敬心中萬感蝟集、可以歡樂的就是現在全國的人民以偉大的犧牲、對倭抗戰、以恢復我國之自由平等、與先烈昔年致力革命運動、乃係一貫之工作、我们要安慰先烈、便要繼續先烈的革命精神、

路過执信学校、校内学生已遷地上課、校址最近被軍政部借用、校園荒涼、蔓草遮道、到執信先生墓前致敬、已經暮色蒼茫、炊煙四起、便回家去了、

廣州還有一個令人難忘的地方、就是滿了果園的大塘、那裡的果樹一行行整齊的排列着、路旁還有幾株廣蔭

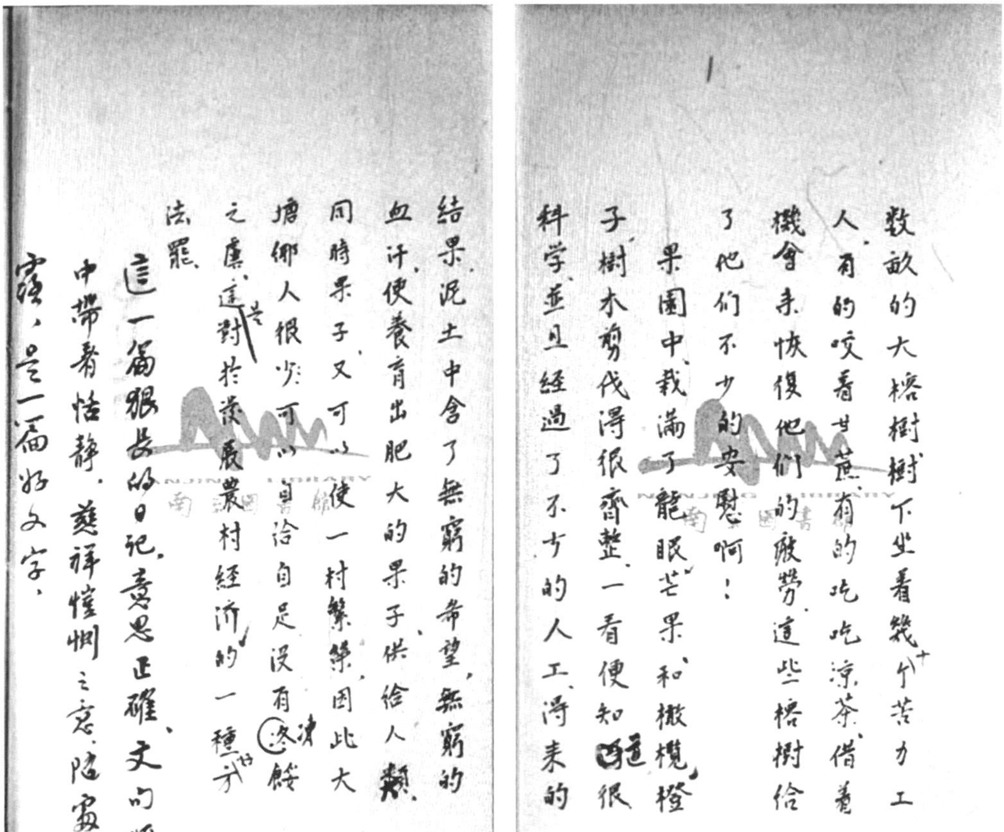

數畝的大榕樹，樹下坐着幾十個苦力工人，有的咬着甘蔗，有的吃吃涼茶，借着機會來恢復他們的疲勞，這些榕樹給了他們不少的安慰啊！

果園中，栽滿了龍眼、芒果和橄欖、橙子，樹木剪伐得很齊整，一看便知道很科学，並且經過了不少的人工，得來的結果，泥土中含了無窮的希望，無窮的血汗，使養育出肥大的果子供給人類，同時果子又可以使一村繁榮，因此大塘鄉人很少不可以自給自足，沒有凍餒之虞，這是對於發展農村經濟的一種好方法罷。

這一篇很長的日記，意思正確，文句順達中帶着恬靜，慈祥憧憫之意，隨處流露，是一篇好文字。

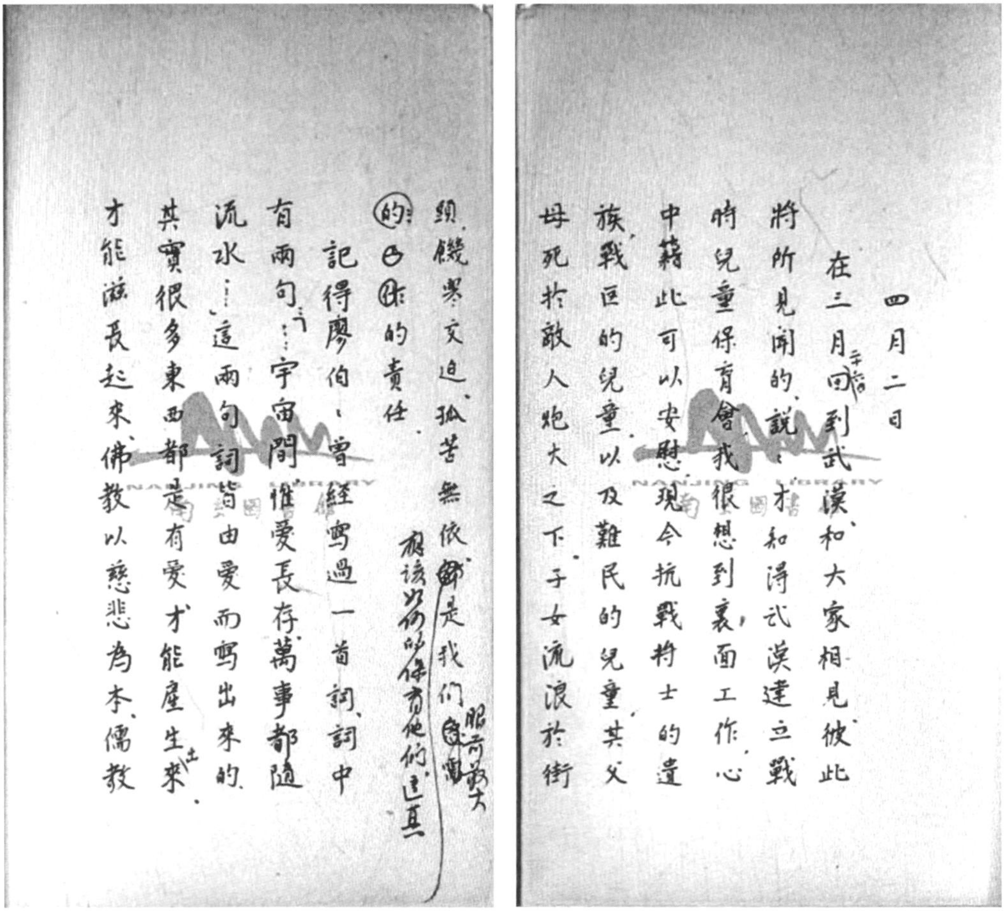

四月二日

在三月十日回到武漢和大家相見彼此將所見聞的說、才知得武漢建立戰時兒童保育會我很想到裏面工作心中藉此可以安慰現今抗戰將士的遺族戰區的兒童以及難民的兒童其父母死於敵人炮火之下子女流浪於街頭、饑寒交迫、孤苦無依、都是我們應當照育最大的已[illegible]的責任

應該以你的保育他們這真

記得廖伯、曾經寫過一首詞、詞中有兩句：宇宙間惟愛長存萬事都隨流水：這兩句詞皆由愛而寫出來的、其實很多東西都是有愛才能產生出來、才能滋長起來、佛教以慈悲為本、儒教

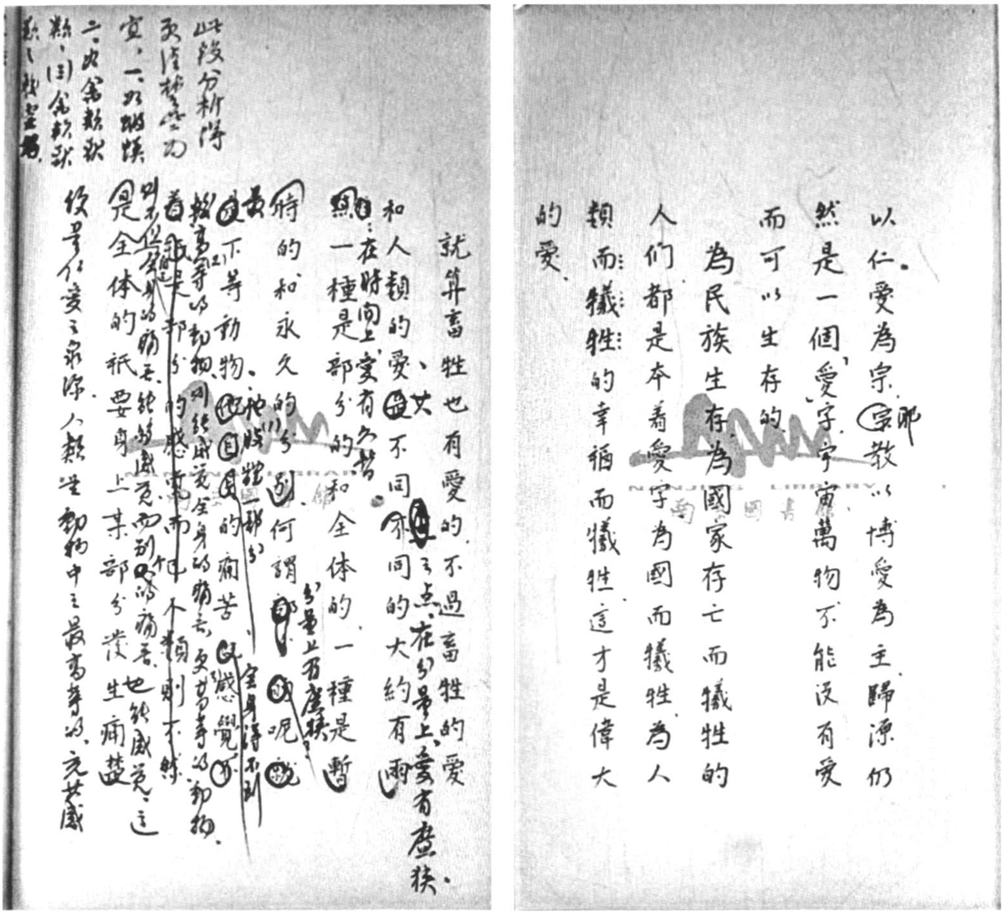
就算畜牲也有愛的，不過畜牲的愛
以仁愛為宗，宗教以博愛為主，歸源仍
然是一個愛字，宇宙萬物不能沒有愛
而可以生存的。
為民族生存，為國家存亡而犧牲的
人們都是本着愛字為國而犧牲，為人
類而犧牲的幸福而犧牲，這才是偉大
的愛。

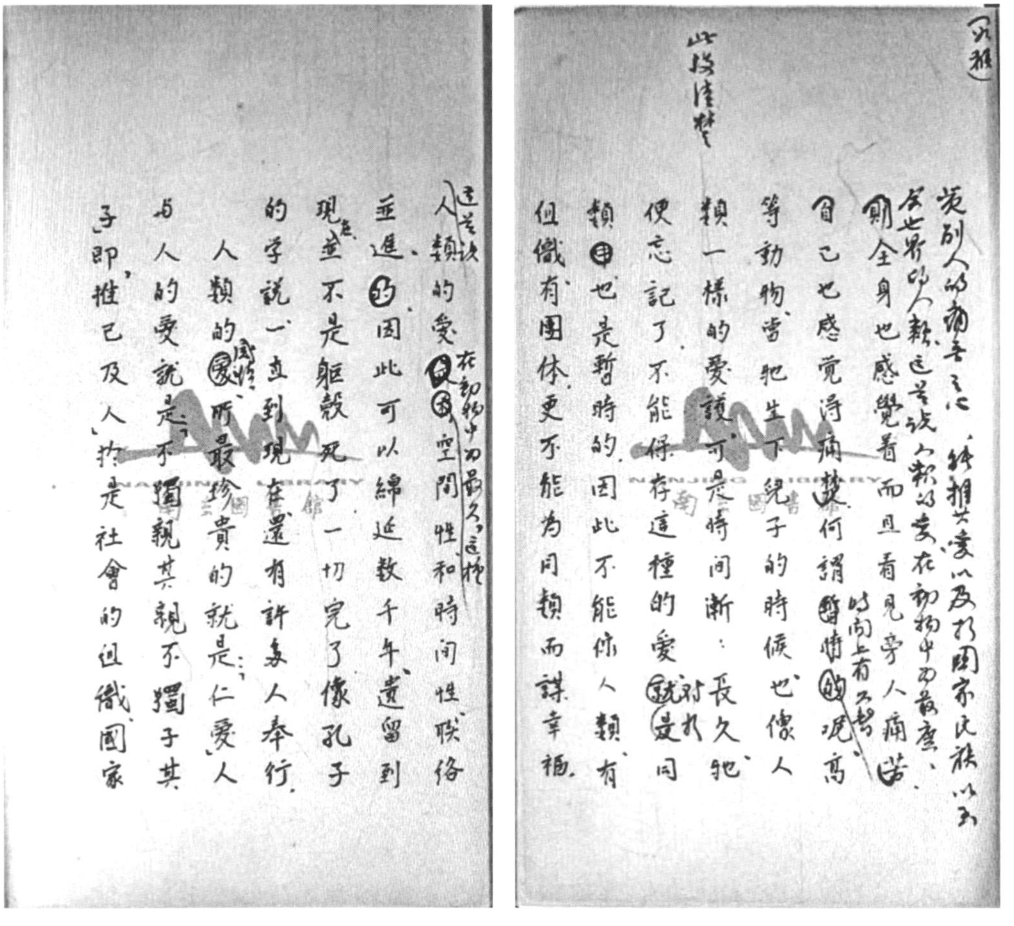
此段清楚

流別人的痛苦之心，推其愛以及於國家民族以至於世界的人類，這是說人類的愛在動物中而最廣、則全身也感覺着而且看見旁人痛苦，自己也感覺得痛楚，何謂同情的？况高等動物，當牠生下兒子的時候，也像人類一樣的愛護，可是時間漸漸長久，牠便忘記了，不能保存這種的愛，就是同類的也是暫時的，因此不能像人類有組織有團体，更不能為同類而謀幸福。

人類的愛是有空間性和時間性聯絡並進的，因此可以綿延數千年，遺留到現在，並不是軀殼死了一切完了，像孔子的學說一直到現在還有許多人奉行。

人類的愛，所最珍貴的就是：仁愛人與人的愛就是：不獨親其親，不獨子其子，即推己及人，於是社會的組織，國家

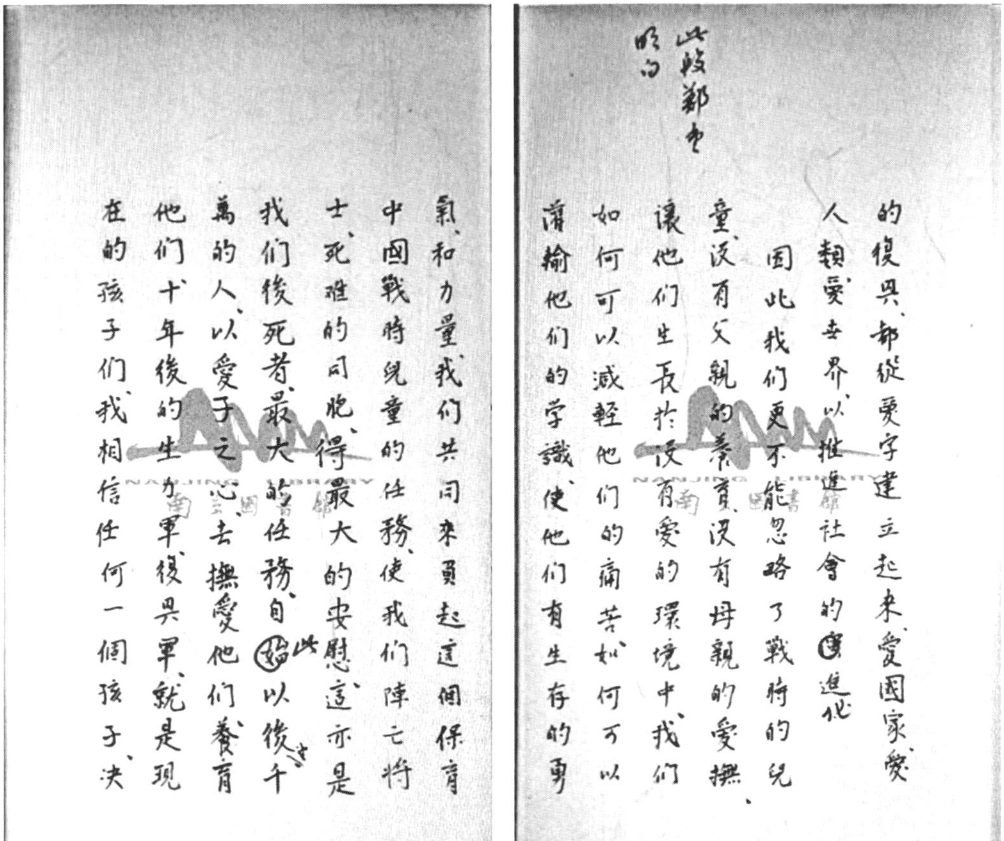

此段鄭重明白

的復興，都從愛字建立起來，愛國家、愛
人類、愛世界，以推進社會的進化
因此我們更不能忽略了戰時的兒
童，沒有父親的養育，沒有母親的愛撫、
讓他們生長於沒有愛的環境中，我們
如何可以減輕他們的痛苦，如何可以
灌輸他們的學識，使他們有生存的勇

氣、和力量，我們共同來負起這個保育
中國戰時兒童的任務，使我們陣亡將
士，死難的同胞，得最大的安慰，這亦是
我們後死者，最大的任務，自此以後，千
萬的人，以愛子之心，去撫愛他們，養育
他們十年後的生力軍，復興軍，就是現
在的孩子們，我相信任何一個孩子，決

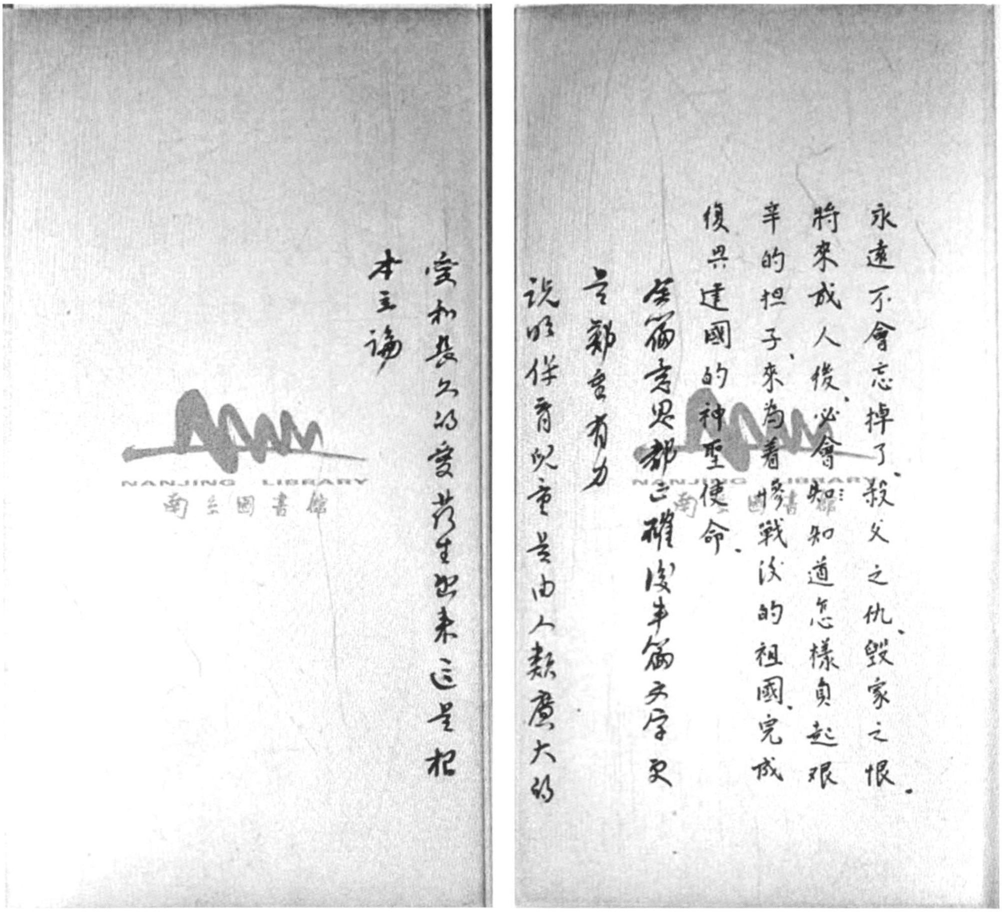

永遠不會忘掉了殺父之仇、毀家之恨。
將來成人後、必會知知道怎樣負起艱
辛的担子、來為着修戰後的祖國、完成
復興建國的神聖使命。
這篇意思都已確定本篇文字更
之新自有力
說明保育兒童是由人類廣大的
愛和長久的愛發生出來這是根
本主論

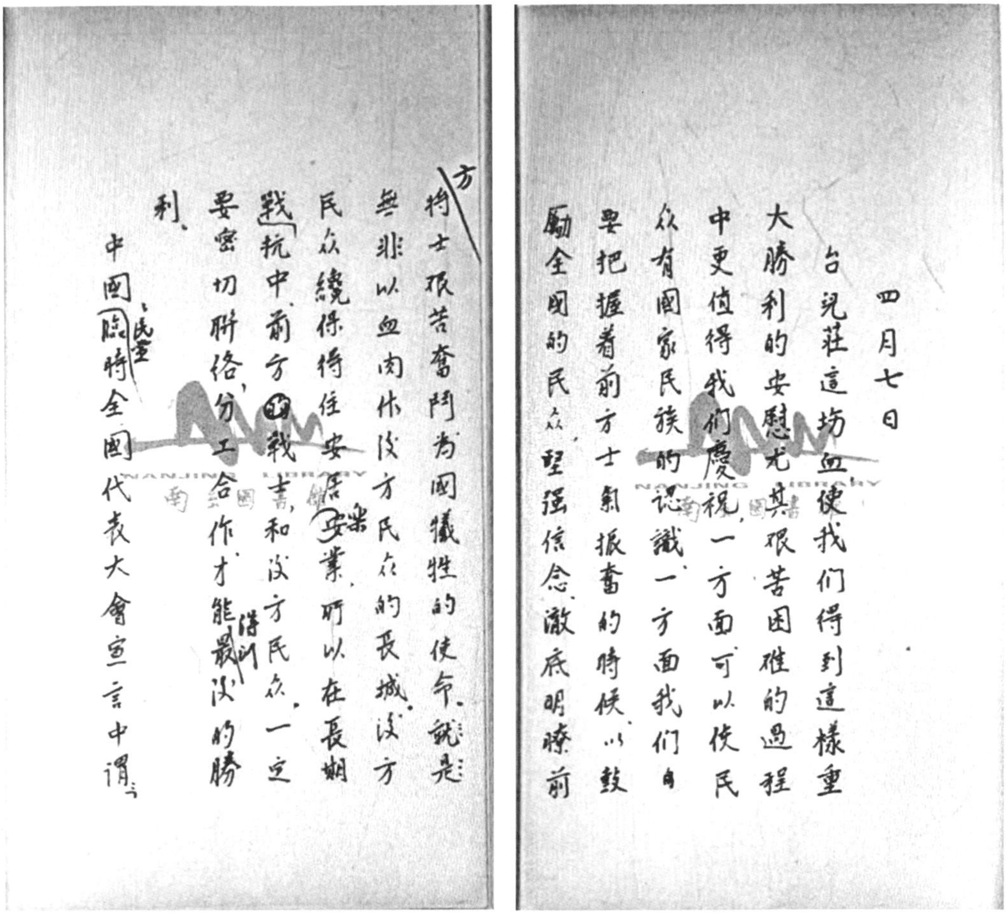

四月七日

台兒莊這場血戰使我們得到這樣重大勝利的安慰，尤其艱苦困難的過程中更值得我們慶視，一方面可以使民众有國家民族的認識，一方面我們自要把握着前方士氣振奮的時候，以鼓勵全國的民众，堅強信念，徹底明瞭前方將士艱苦奮鬥為國犧牲的使命，就是無非以血肉作後方民众的長城，後方民众纔係得住安居樂業，所以在長期抗戰中前方的戰士，和後方民众，一定要密切聯絡，分工合作，才能得到最後的勝利。

中國國民黨臨時全國代表大會宣言中謂：

94

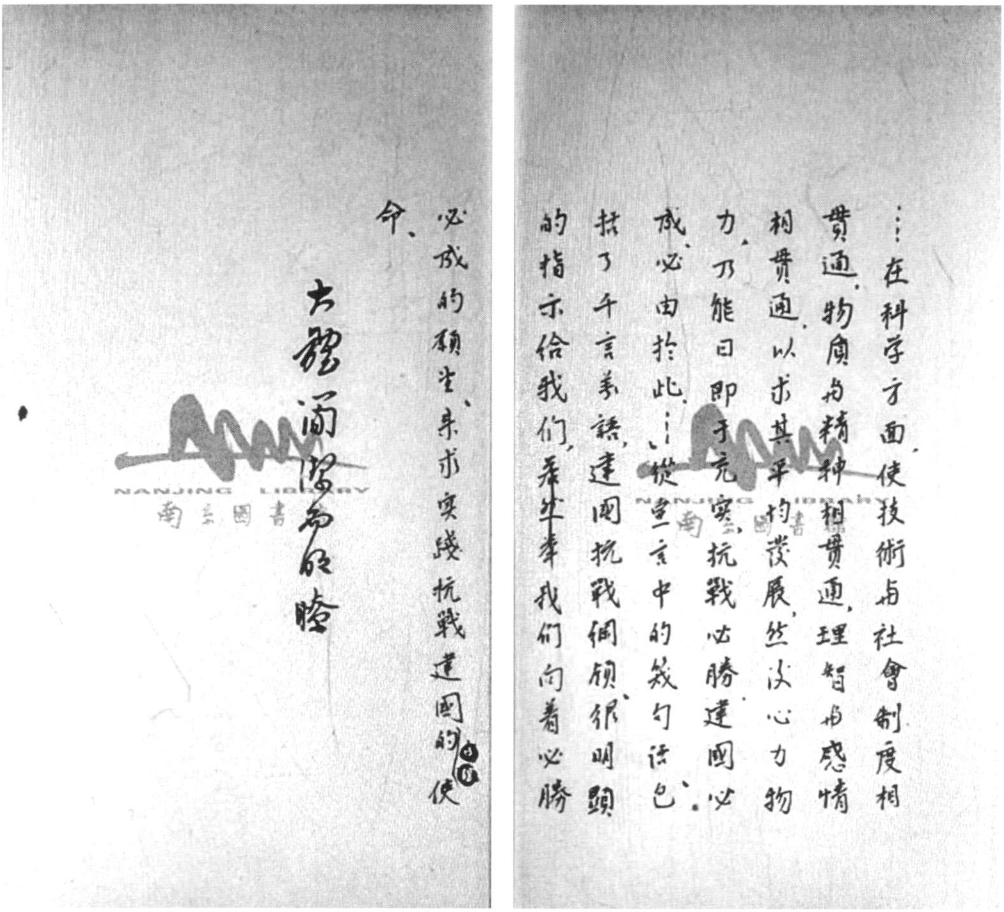

……在科学方面使技術与社會制度相貫通，物質与精神相貫通，理智与感情相貫通，以求其平均發展，然後心力物力，乃能日即于充實。抗戰必勝建國必成，必由於此。……從宣言中的幾句話包括了千言萬語，建國抗戰綱領很明顯的指示给我們，希望率我們向着必勝必成的積極來求實踐抗戰建國的使命。

大體爾說為前的瞻

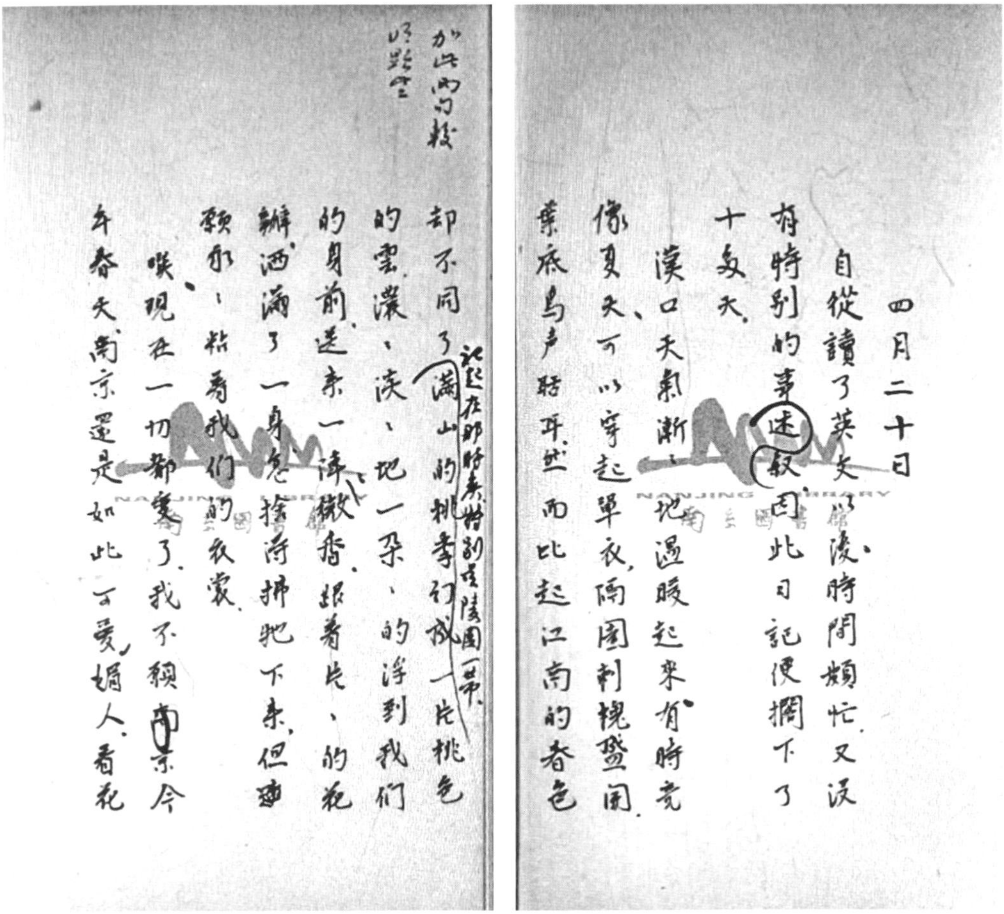

四月二十日

自從讀了英文以後，時間頗忙，又沒有特別的事述（敘），因此日記便擱下了十多天。

漢口天氣漸漸地過暖起來，有時竟像夏天，可以穿起單衣，隔園刺槐盛開，葉底鳥聲聒耳，然而比起江南的春色卻不同了，滿山的桃李行成一片桃色的雲，濃、淡、地一朵、的浮到我們的身前，送來一陣微香，跟着片、的花瓣灑滿了一身，急於撣拂下來，但遺顆兒、粘着我們的衣裳。

（記起在那時表哥到金陵園一帶）

（加此兩句較明點些）

唉，現在一切都變了，我不願南京今年春天，南京還是如此可愛，媚人，看花

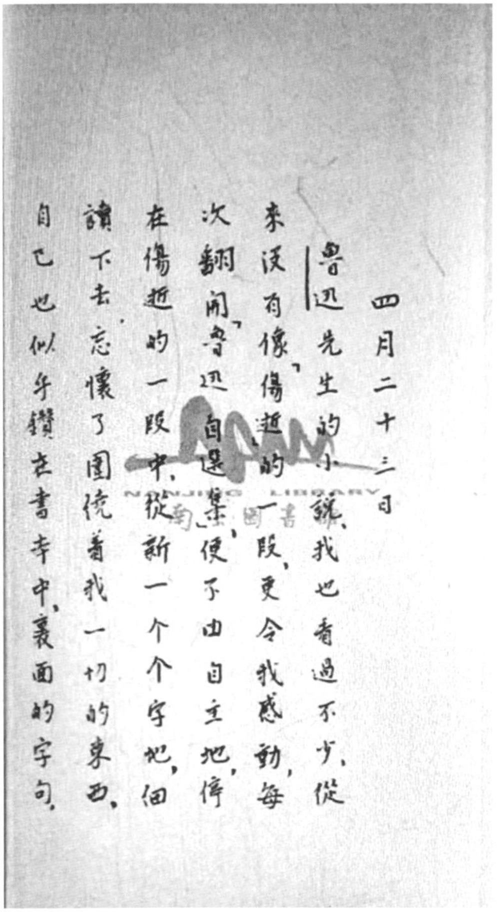

四月二十三日

魯迅先生的小說，我也看過不少，從来沒有像「傷逝」的一段，更令我感動，每次翻閱「魯迅自選集」，便不由自主地停在傷逝的一段中，從新一個個字地，細讀下去，忘懷了圍繞着我一切的東西，自己也似乎鑽在書本中，裏面的字句，

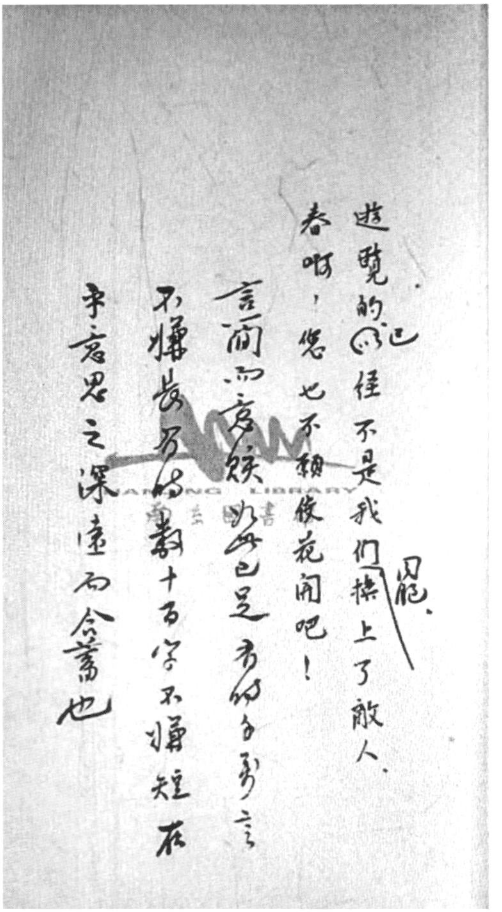

遊覽的園地已經不是我們的，換上了敵人罷。

春啦！您也不願依花開吧！

言簡而意賅，此段已足。君所為文不嫌長，少數十百字不嫌短，在乎意思之深遠而含蓄也

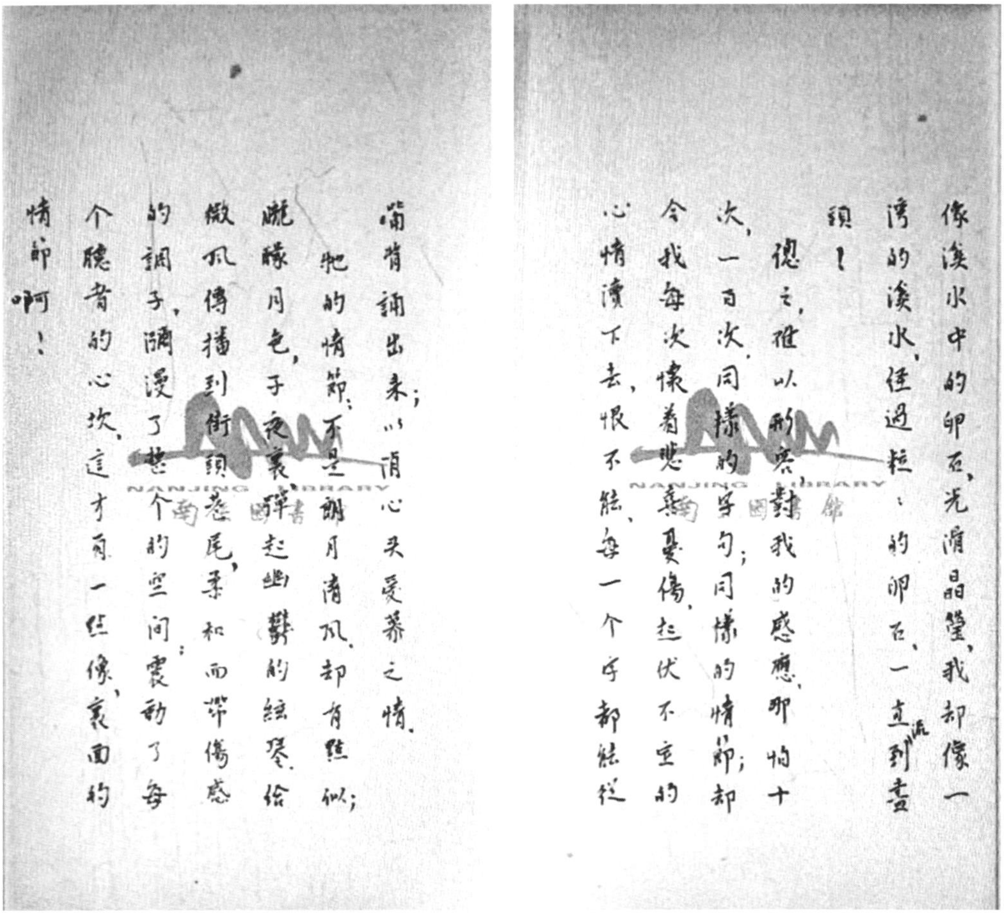
像溪水中的卵石，光滑晶瑩，我卻像一
灣的溪水，經過粒粒的卵石，一直流到盡
頭！
總之，難以形容對我的感應，那怕十
次，一百次同樣的字句；同樣的情節；卻
令我每次懷着悲哀憂傷，起伏不定的
心情讀下去，恨不能每一个字都能從
嘴背誦出来；以消心头愛慕之情。
牠的情節：不是朗月清風，卻有點似；
朦朧月色，子夜裏，彈起幽鬱的絃琴，給
微風傳播到街頭巷尾，柔和而帶傷感
的調子，瀰漫了整个的空間：震動了每
个聽者的心坎，這才有一些像，裏面的
情節啊！

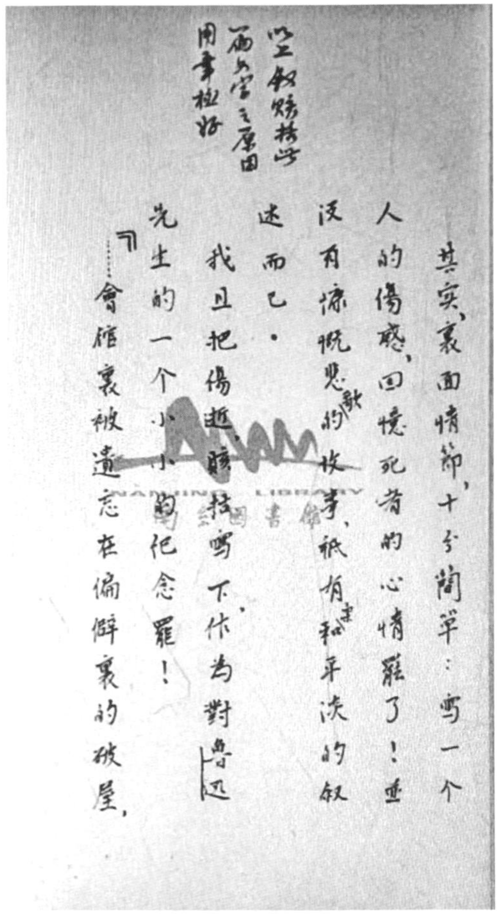
以上叙述括号
两处空之原因
用章检好

其实，裏面情節十分簡單：寫一个人的傷感，回憶死者的心情罷了！並沒有慷慨悲歌的故事，祇有和平淡的叙述而已。

我且把傷逝暫擬寫下作為對魯迅先生的一个小小的紀念罷！

『……會館裏被遺忘在偏僻裏的破屋，

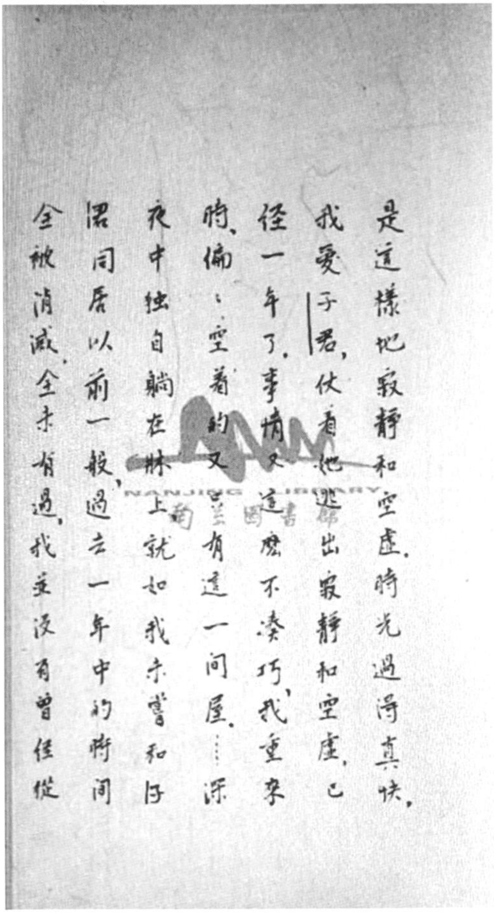
是這樣地寂靜和空虛。時光過得真快，我愛子君，仗着他逃出寂靜和空虛，已經一年了。事情又這麼不湊巧，我重來時，偏偏空着的又有這一間屋。……深夜中独自躺在床上，就如我未曾和子君同居以前一般，過去一年中的時间全被消滅，全未有過，我並沒有曾經從

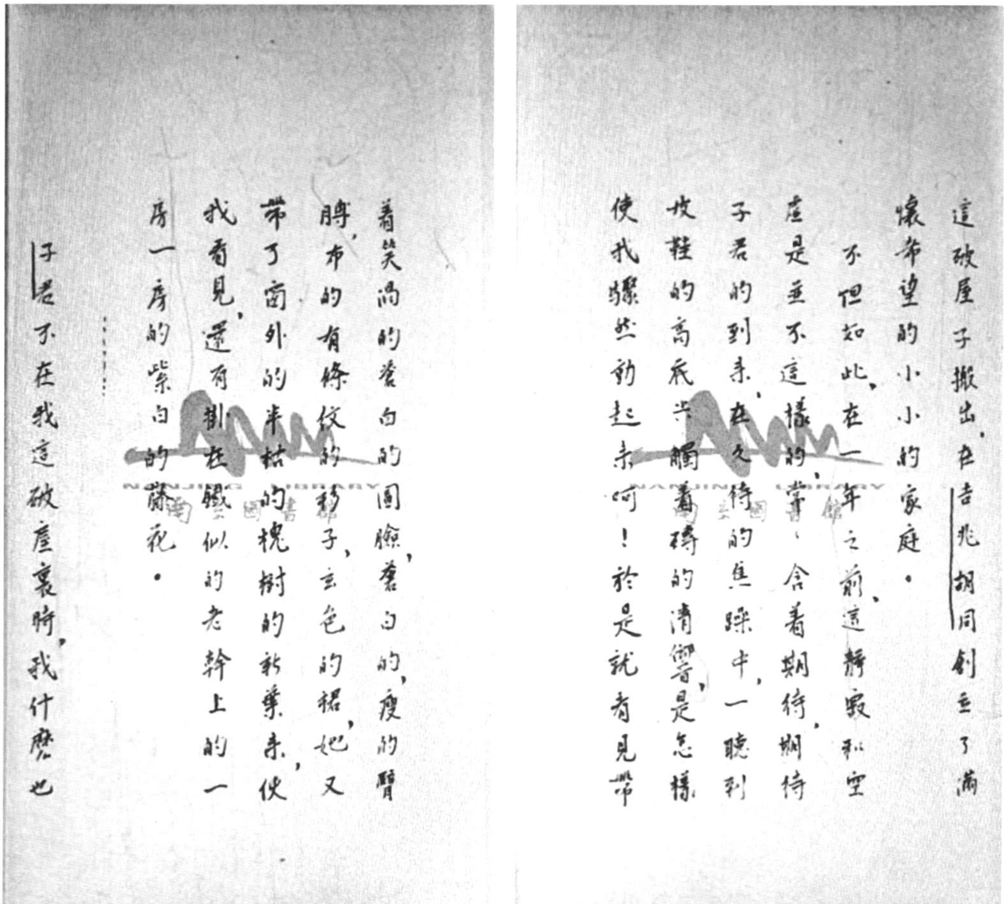

這破屋子搬出，在吉兆胡同創立了滿
懷希望的小小的家庭。
不但如此，在一年之前，這靜寂和空
虛是並不這樣的，常，含着期待，期待
子君的到來，在久待的焦躁中，一聽到
皮鞋的高底尖觸着磚路的清響，是怎樣
使我驟然生動起來呵！於是就看見帶

着笑渦的蒼白的圓臉，蒼白的，瘦的臂
膊，布的有條紋的衫子，玄色的裙，她又
帶了窗外的半枯的槐樹的新葉來，使
我看見，還有掛在鐵似的老幹上的一
房一房的紫白的藤花。
……
子君不在我這破屋裏時，我什麼也

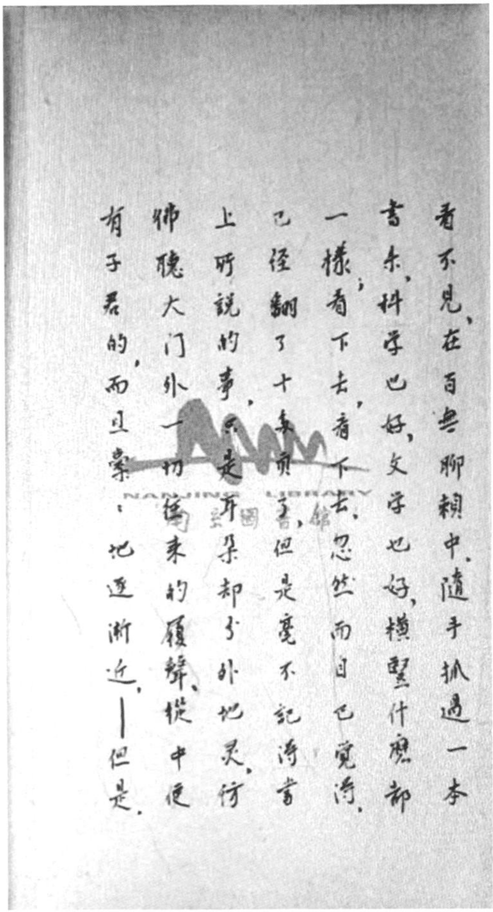

看不見，在百無聊賴中，隨手抓過一本
書來，科学也好，文学也好，横豎什麽都
一樣；看下去，看下去，忽然而自己覺得，
已經翻了十來頁了，但是毫不記得書
上所説的事。只是耳朵却分外地靈，彷
彿聽大門外一切傳來的履聲，從中便
有子君的，而且橐橐地逐漸近，——但是，

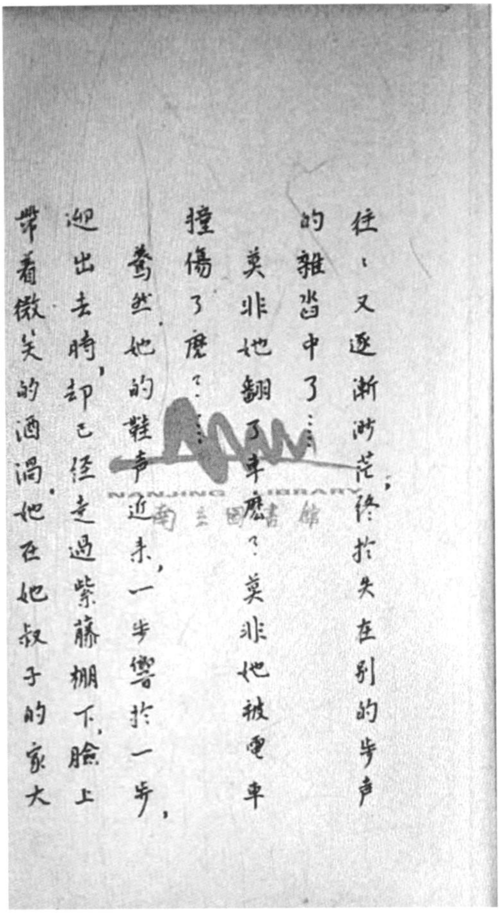

往往又逐漸渺茫，終於失在別的步声
的雜沓中了。……
莫非她翻了車麽？莫非她被電車
撞傷了麽？……
驀然，她的鞋声近來，一步響於一步，
迎出去時，却已經走過紫藤棚下，臉上
帶着微笑的酒渦。她在她叔子的家大

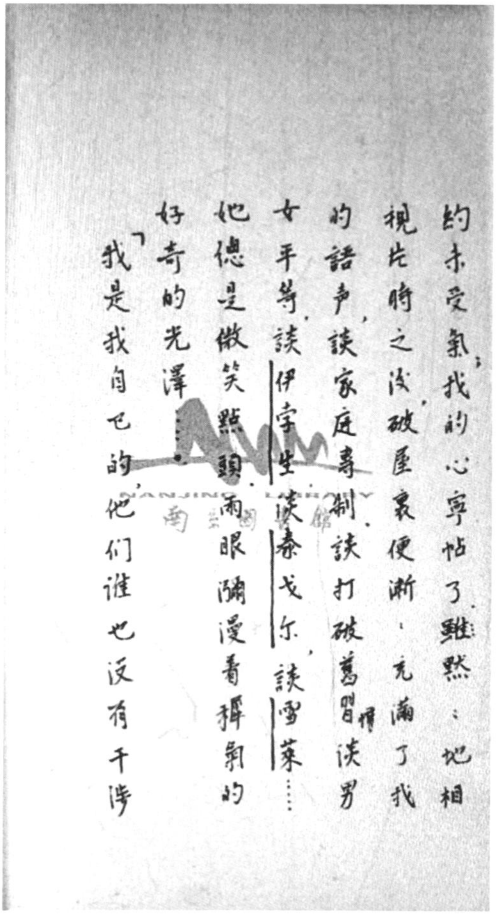
約未受氣;我的心寧帖了。雖然:她相視片時之後,破壓衷便漸、充滿了我的語声,談家庭專制,談打破舊習慣,談男女平等,談伊字生,談泰戈尔,談雪萊……她總是微笑點頭,兩眼瀰漫着揮氣的好奇的光澤……
「我是我自己的,他们誰也沒有干涉

我的權利!」
這是我们交際了半年,又談起她在這里的胞叔和在家的父親時,她默想了一會兒之後,分明地堅決地沉靜地說了出來的話……這幾句話,很震動了我的靈魂,此後許多天還在耳中幾響,而且說不出的狂喜,知郡中國女性並

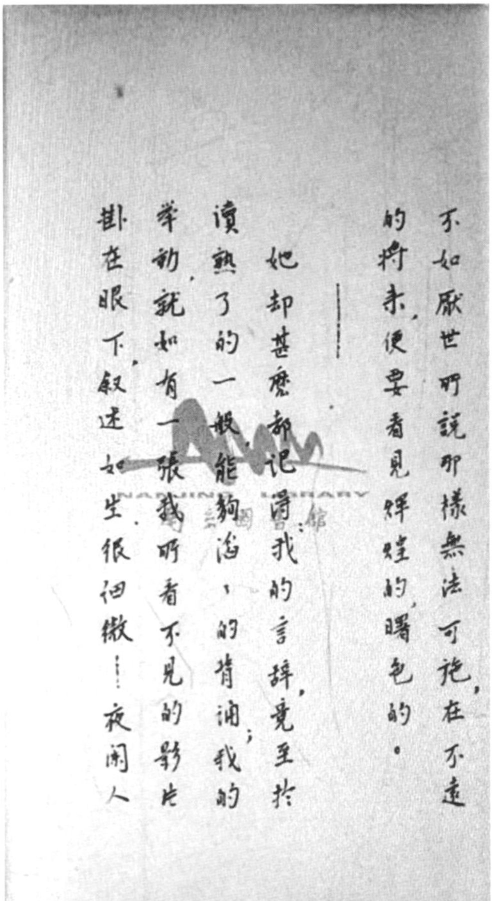
不如厭世所說那樣無法可施，在不遠的將來，便要看見輝煌的曙色的。
——
她却甚麼都記得：我的言辭，竟至於讀熟了的一般，能夠滔滔的背誦；我的舉動，就如有一張我所看不見的影片掛在眼下，敘述如生，很細微……夜闌人

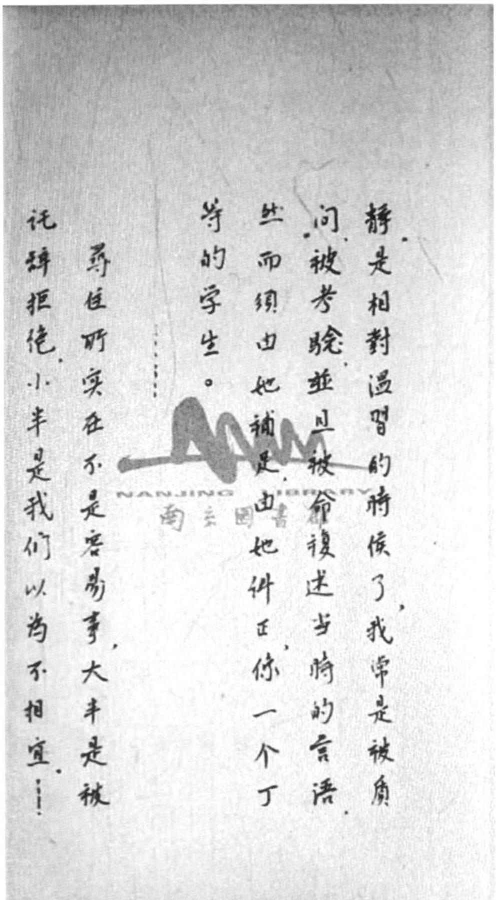
靜，是相對溫習的時候了，我常是被質问，被考驗，並且被命複述當時的言語，然而須由她補足，由她糾正，像一个丁等的学生。
……
尋住所實在不是容易事，大半是被託辭拒絕，小半是我們以為不相宜。……

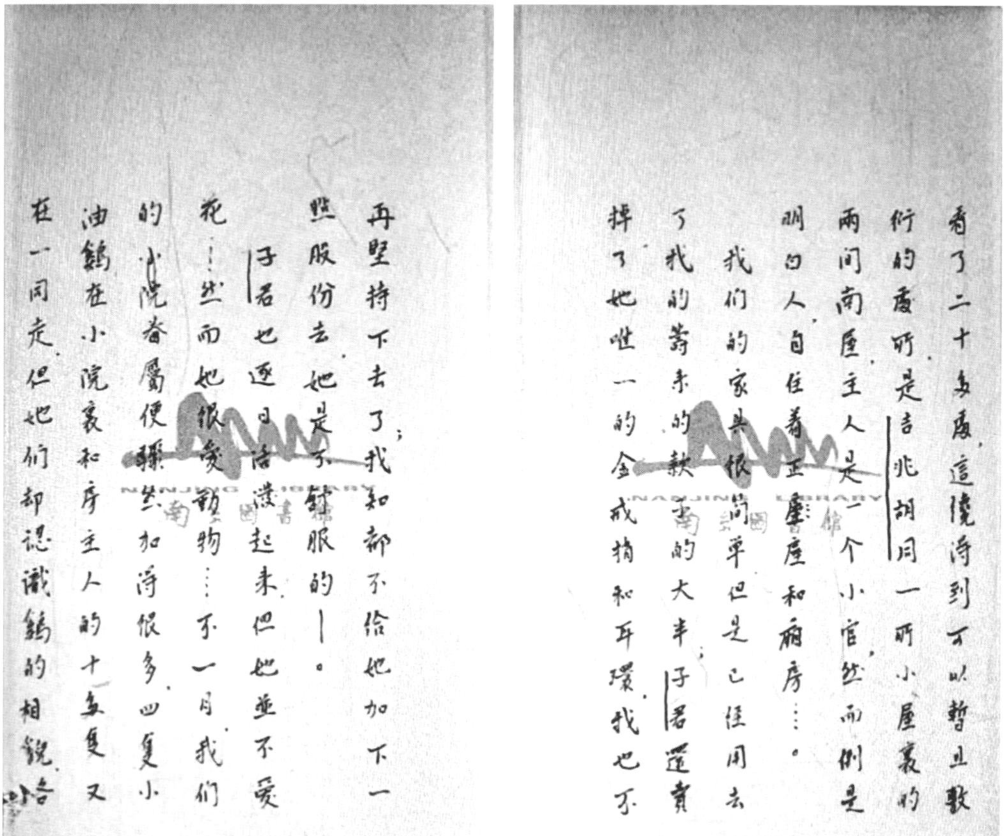

看了二十多處，這纔得到可以暫且敷
衍的處所是吉兆胡同一所小屋裏的
兩間南屋；主人是一个小官，然而倒是
明白人，自住着正屋和廂房……。
我們的家具很簡單，但是已經用去
了我的籌來的款子的大半；子君還賣
掉了她唯一的金戒指和耳環。我也不
再堅持下去了；我知道不給她加一
點股份去，她是住不舒服的。
子君也逐日活潑起來，但她並不愛
花……然而她很愛動物……不一月，我們
的小院眷屬便驟然加得很多，四隻小
油雞，在小院裏和房主人的十多隻又
在一同走。但她們卻認識雞的相貌，各

知道那一隻是自家的．還有一隻花白的叭兒狗從廟會買來．記得原有名字．子君卻給牠另起一个．叫作阿隨．就我叫牠阿隨．但我不喜欢這个名字。

這是真的．愛情必須時時更新．生長．創造．我和子君說起這．她也領會地點點頭。

唉，那是怎樣寧靜而幸福的夜呵！

安寧和幸福．我們在會館時．還偶然有議論的衝突和意思的誤會．自從到吉兆胡同以來，連這一點也沒有了．我們只在燈下對坐的懷舊譚中．回味那時衝突以後的和解的重生一般的樂趣．

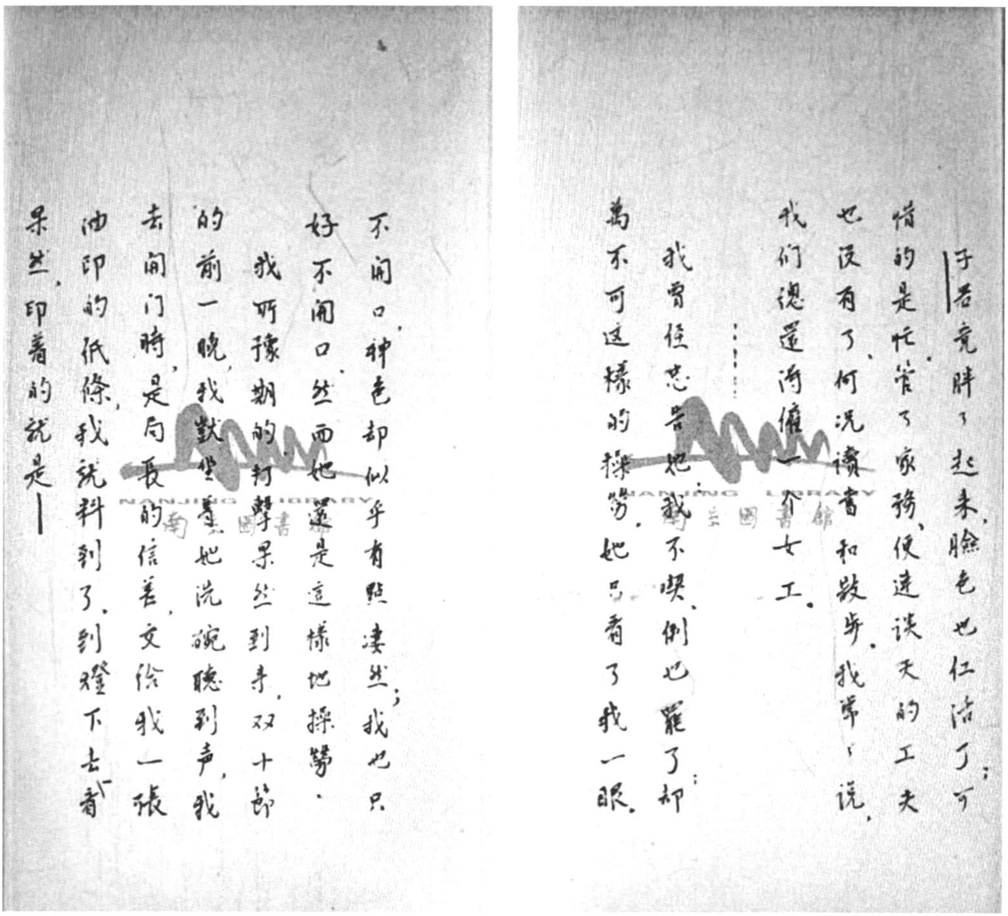

子君竟胖了起來，臉色也红活了；可惜的是忙，管了家務，便連談天的工夫也沒有了，何況讀書和散步。我常常說，我們總還得僱一个女工。

……

我曾經忠告她，我不喫，倒也罷了；却萬不可這樣的操勞。她只看了我一眼，不開口，神色却似乎有點淒然；我也只好不開口。然而她還是這樣地操勞。

我所豫期的打擊果然到來。双十節的前一晚，我獃坐着，看她洗碗。聽到声，我去開门時，是局裡的信差，交給我一張油印的紙條。我就料到了。到燈下去看，果然，印着的就是——

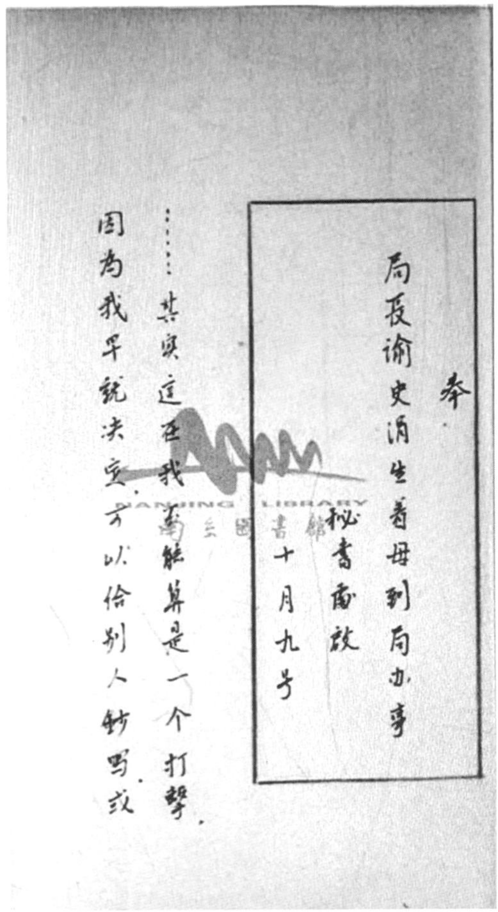

奉
局長諭史涓生着毋到局办事
秘書處啟
十月九号

……其實這在我不能算是一个打擊，因為我早就決定，可以給別人鈔寫，或

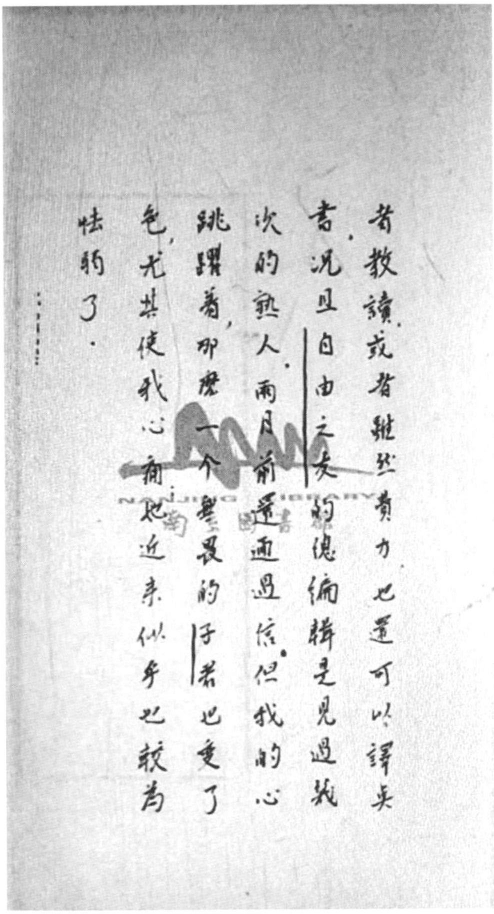

者教讀，或者雖然費力，也還可以譯點書。況且自由之友的總編輯是見過幾次的熟人，兩月前還通過信。但我的心跳躍着，那麼一个無畏的子君也變了色，尤其使我心痛她近来似乎也較為怯弱了。……

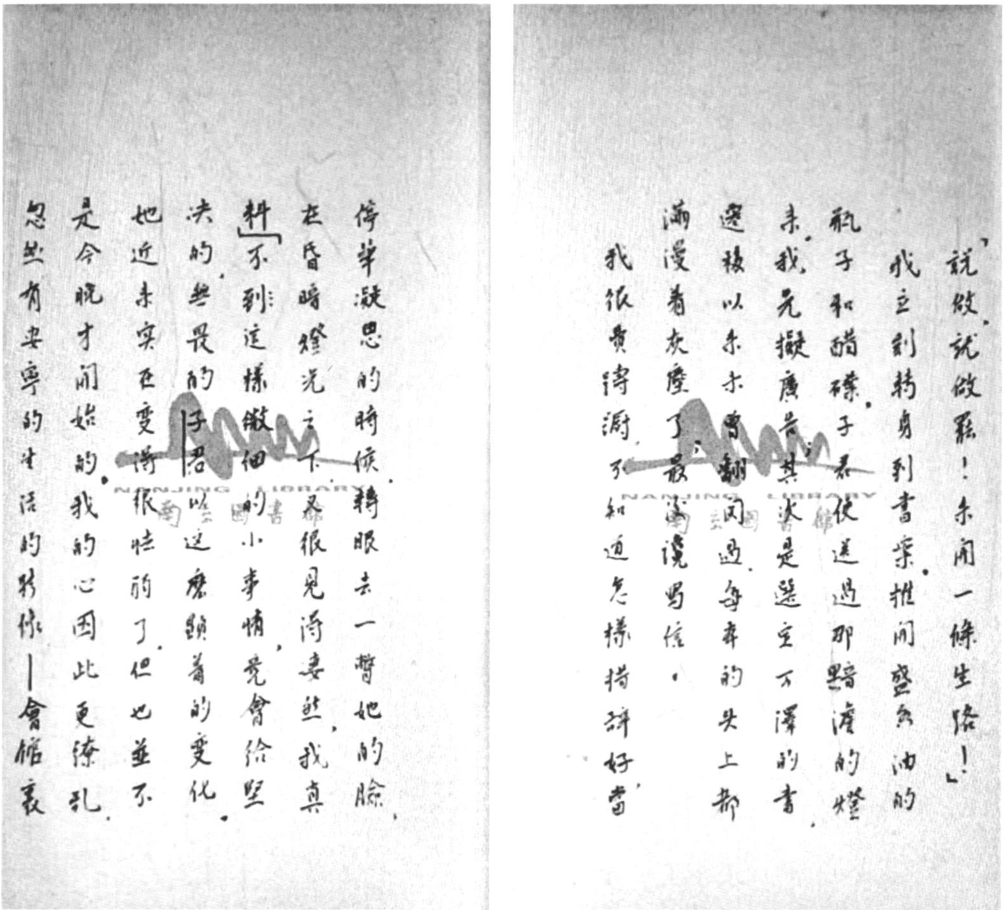
「說做，就做罷！來開一條生路！」
我立刻轉身到書案，推開盛香油的
瓶子和醋碟，子君便送過那黯淡的燈
來。我先擬廣告；其次是選定可譯的書，
遷移以來未曾翻閱過，每本的頭上都
滿漫着灰塵了；最後纔寫信。
我很費躊躇，不知道怎樣措辭好，當

停筆凝思的時候，轉眼去一瞥她的臉，
在昏暗燈光之下，又很見得悽然。我真
料不到這樣微細的小事情，竟會給堅
決的，無畏的子君以這麼顯著的變化。
她近來實在變得很怯弱了，但也並不
是今晚才開始的。我的心因此更繚亂，
忽然有安寧的生活的影像——會館裏

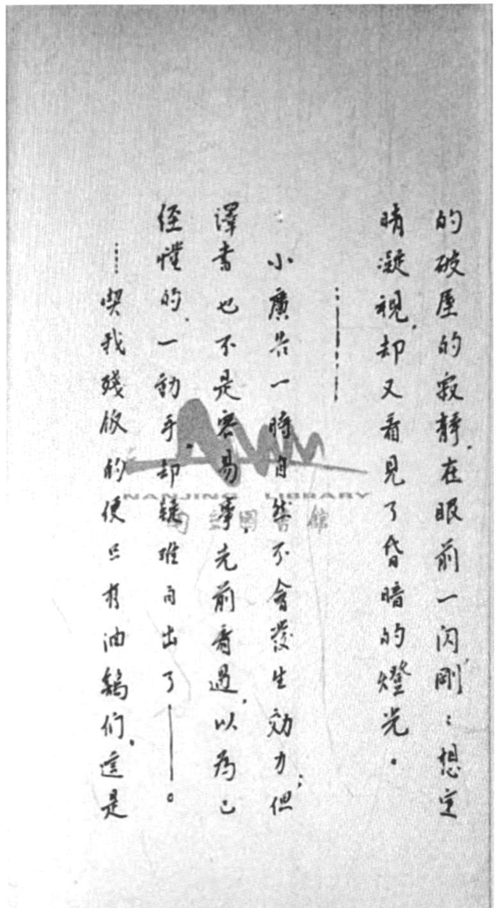

的破屋的寂靜在眼前一閃，剛剛想定
睛凝視，却又看見了昏暗的燈光。
……——
小廣告一時自然不會發生効力；但
譯書也不是容易事，先前看過，以為已
經懂的，一動手，却疑難百出了——。
……喫我殘飯的便只有油雞們，這是

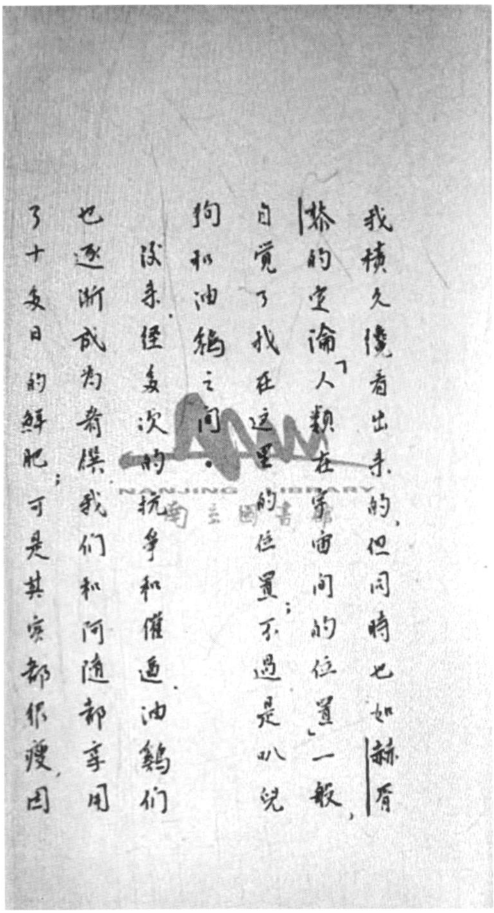

我積久纔看出來的，但同時也如赫胥
黎的定論「人類在宇宙間的位置」一般，
自覺了我在這里的位置：不過是叭兒
狗和油雞之間。
後來，經多次的抗爭和催逼，油雞們
也逐漸成為肴饌，我們和阿隨都享用
了十多日的鮮肥；可是其實都很瘦，因

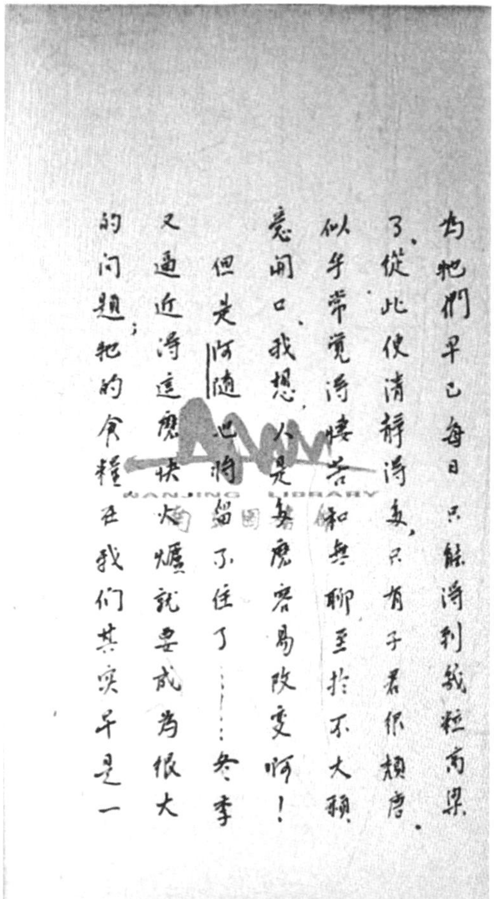
為牠們早已每日只能得到幾粒高粱
了。從此使清靜得多，只有子君很頹唐
似乎常覚得悽苦和無聊，至於不大願
意问口。我想，人是多麼容易改變呵！
但是阿隨也將留不住了……冬季
又逼近得這麼快，火爐就要成為很大
的问題；牠的食糧在我们其實早是一

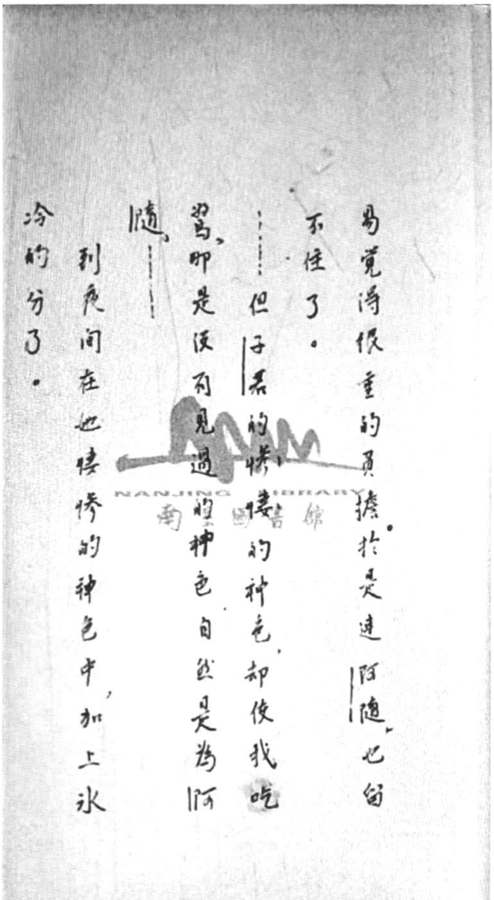
易覚得很重的負擔。於是連阿隨也留
不住了。
……但子君的悽慘的神色，卻使我吃
驚。那是沒有見過的神色，自然是為阿
隨。……
到夜间，在她悽慘的神色中，加上冰
冷的分了。

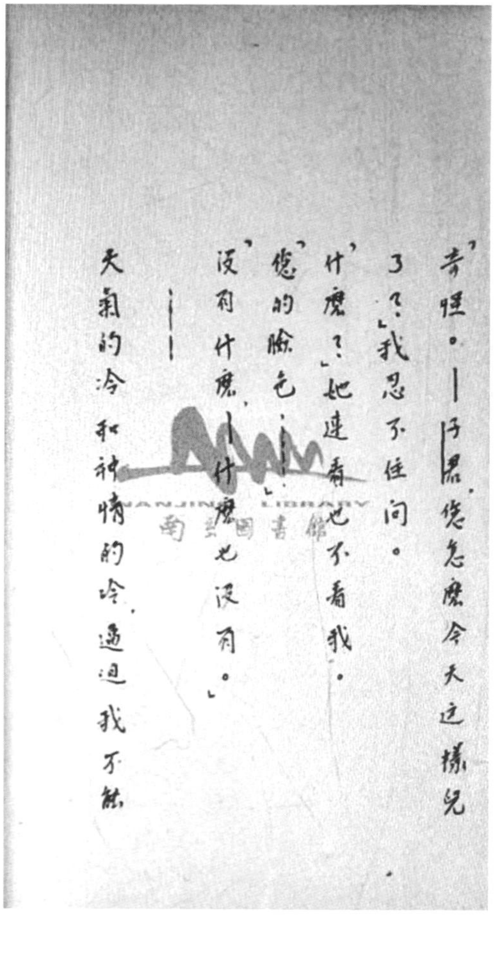
奇怪。——子君，您怎麼今天這樣兒
了？」我忍不住问。
「什麼？」她連看也不看我。
「您的臉色……」
「没有什麼，——什麼也没有。」
——
天氣的冷和神情的冷逼迫我不能

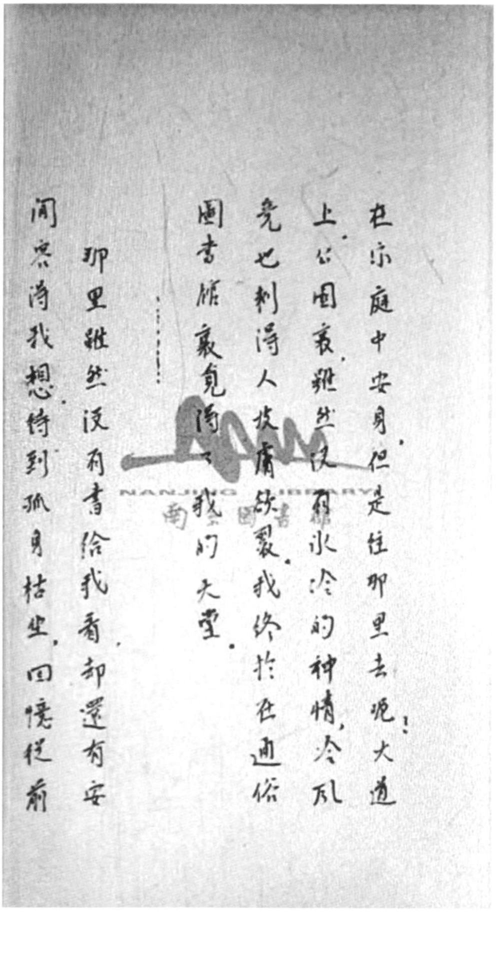
在家庭中安身，但是往那里去呢？大道
上，公園裏，雖然没有冰冷的神情，冷風
究也刺得人皮膚欲裂。我終於在通俗
圖書館裏覓得了我的天堂。
……
那里雖然没有書給我看，卻還有安
閑容得我想。待到孤身枯坐，回憶從前

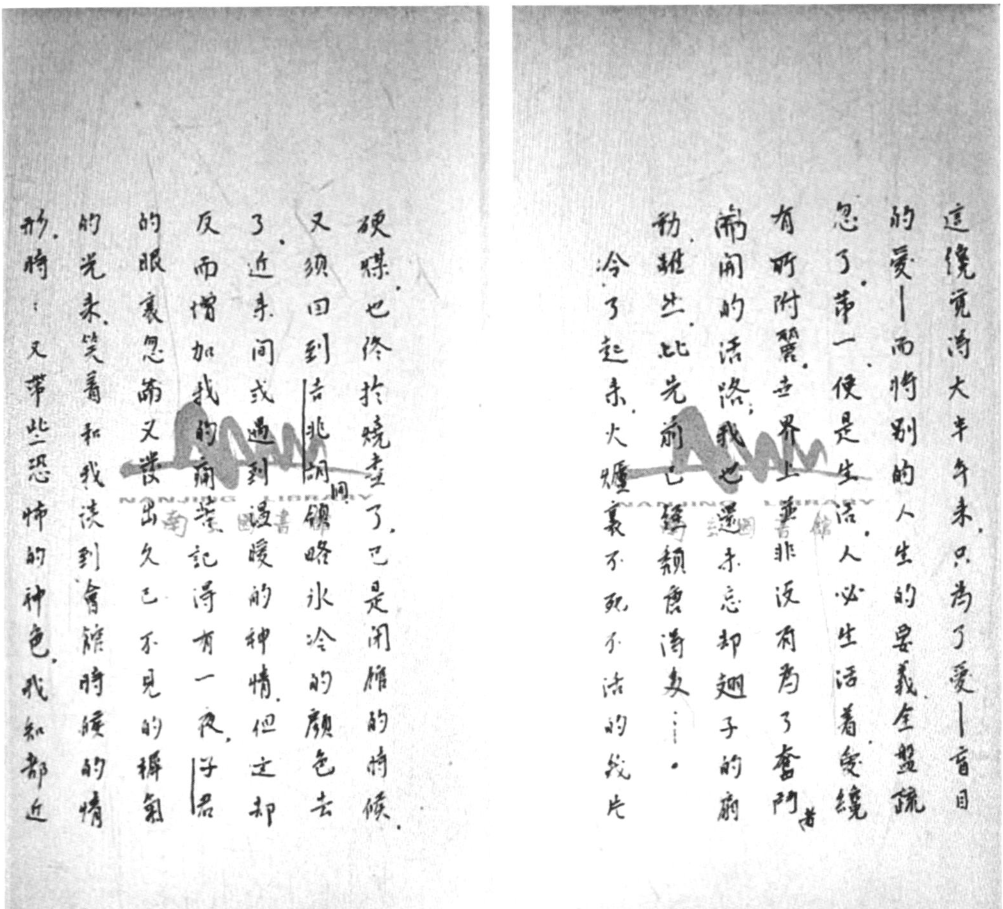

這纔覺得大半年來，只為了愛——盲目
的愛——而將別的人生的要義全盤疏
忽了。第一，便是生活。人必生活着，愛纔
有所附麗。世界上並非沒有為了奮鬥者
而開的活路；我也還未忘却翅子的扇
動，雖然比先前已經頹唐得多……。
冷了起來。火爐裏不死不活的幾片
硬煤，也終於燒盡了。已是閉館的時候。
又須回到吉兆胡衕，領略冰冷的顏色去
了。近來間或遇到溫暖的神情，但這却
反而增加我的痛苦。記得有一夜，子君
的眼裏忽而又發出久已不見的稚氣
的光來，笑着和我談到會館時候的情
形，時時又帶些恐怖的神色。我知道近

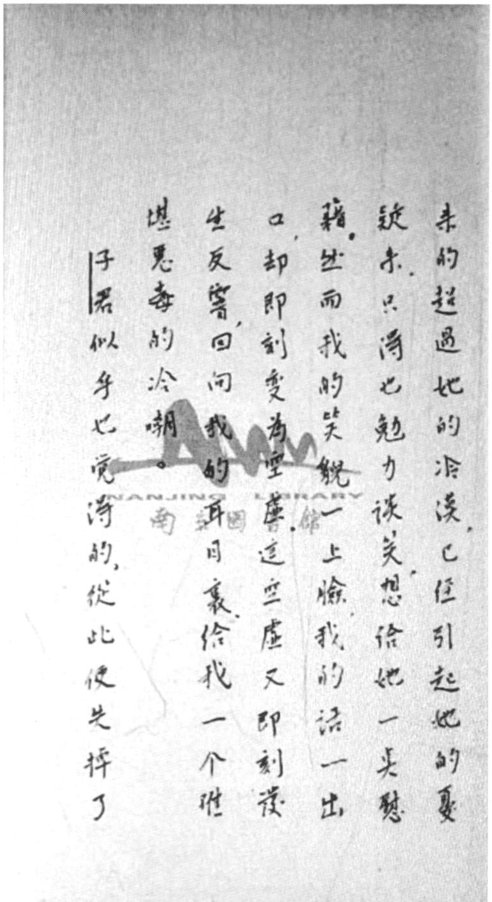

來的超過她的冷淡，已經引起她的憂疑來，只得也勉力談笑，想給她一点慰藉。然而我的笑貌一上臉，我的話一出口，卻即刻變為空虛，這空虛又即刻發生反響，回向我的耳目裏，給我一个難堪的惡毒的冷嘲。

子君似乎也覺得的，從此便失掉了

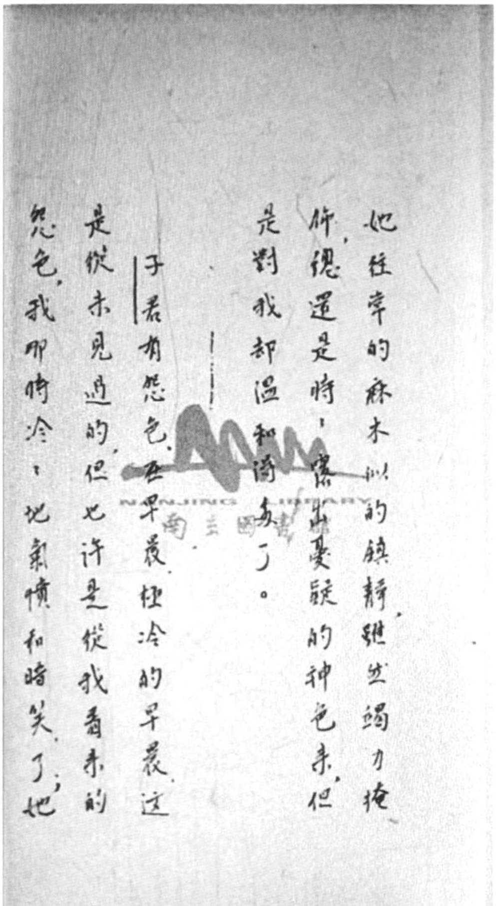

她往常的麻木似的鎮靜，雖然竭力掩飾，總還是時時露出憂疑的神色來，但是對我卻溫和得多了。

——

子君有怨色，在早晨，極冷的早晨，這是從未見過的，但也許是從我看來的怨色。我那時冷冷地氣憤和暗笑了；她

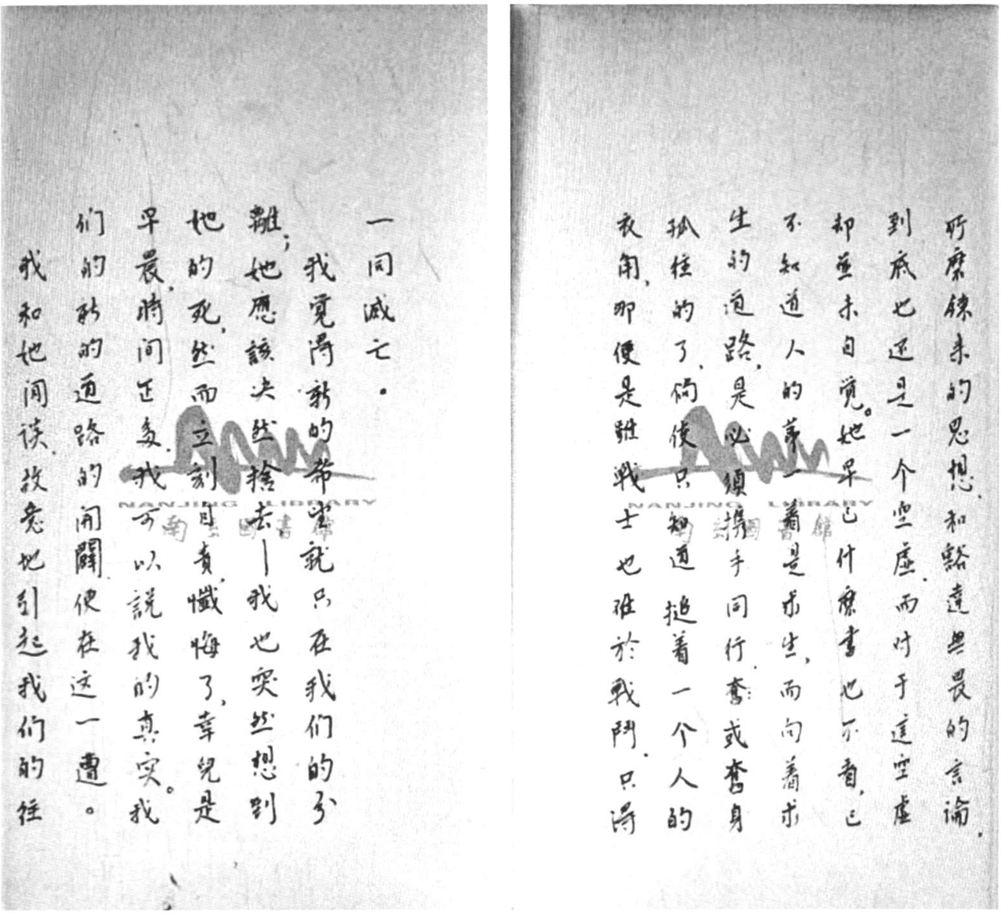

所磨鍊来的思想，和豁達無畏的言論，到底也还是一个空虛，而对于这空虛却並未自覺。她早已什麼書也不看，已不知道人的第一着是求生，而向着求生的道路，是必須携手同行，或奮身孤往的了，倘使只知道搥着一个人的衣角，那便是雖戰士也难於戰鬥，只得一同滅亡。

我覺得新的希望就只在我们的分離；她應該決然捨去——我也突然想到她的死，然而立刻自責，懺悔了。幸兒是早晨，時间正多，我可以說我的真實。我们的新的道路的開闢，便在这一遭。

我和她閒談，故意地引起我们的往

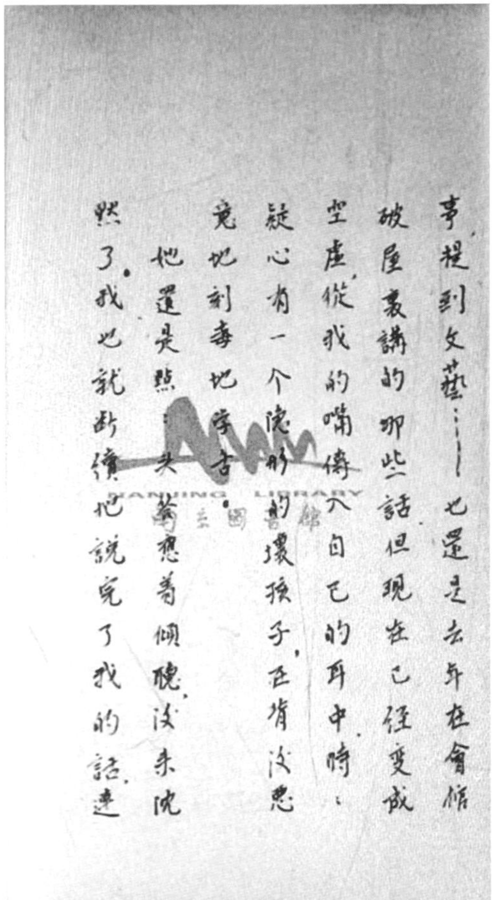

事提到文藝……——也還是去年在會館破屋裏講的那些話，但現在已經變成空虛，從我的嘴傳入自己的耳中，時時疑心有一個隱形的壞孩子，在背後惡意地刻毒地學舌。

她還是點點頭答應着傾聽，後來沉默了。我也就斷續地把說完了我的話，連

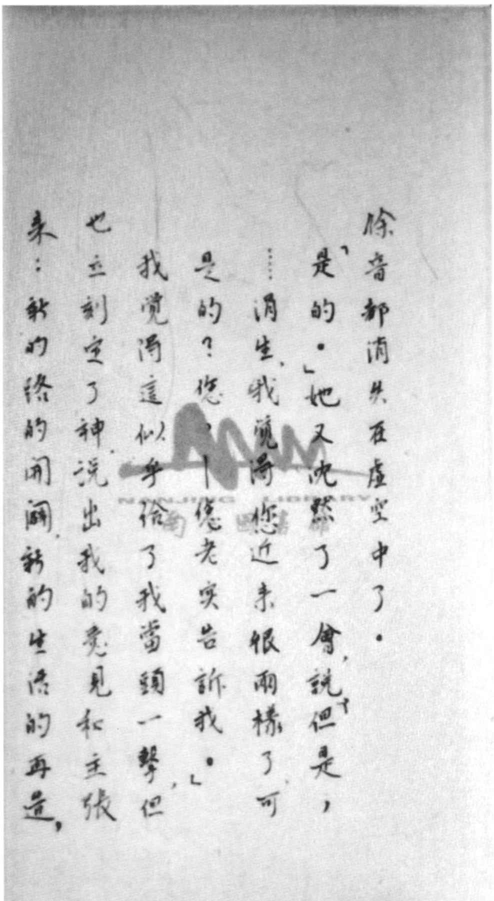

餘音都消失在虛空中了。

「是的。」她又沉默了一會，說，「但是，……涓生，我覺得你近來很兩樣了。可是的？你，——你老實告訴我。」

我覺得這似乎給了我當頭一擊，但也立刻定了神，說出我的意見和主張來：新的路的開闢，新的生活的再造，

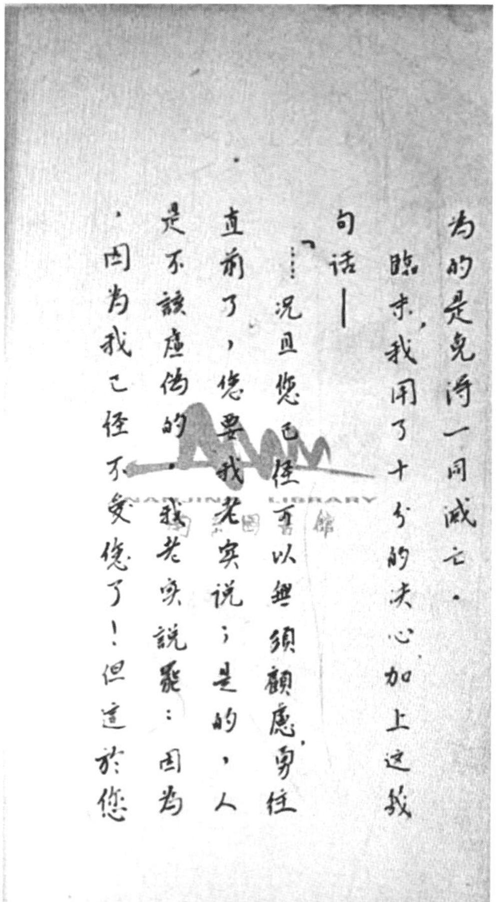

為的是免得一同滅亡。
臨末，我用了十分的決心加上這幾
句話——
「……況且您已經可以無須顧慮勇往
直前了，您要我老實說；是的，人
是不該虛偽的，我老實說罷：因為
。因為我已經不愛您了！但這於您

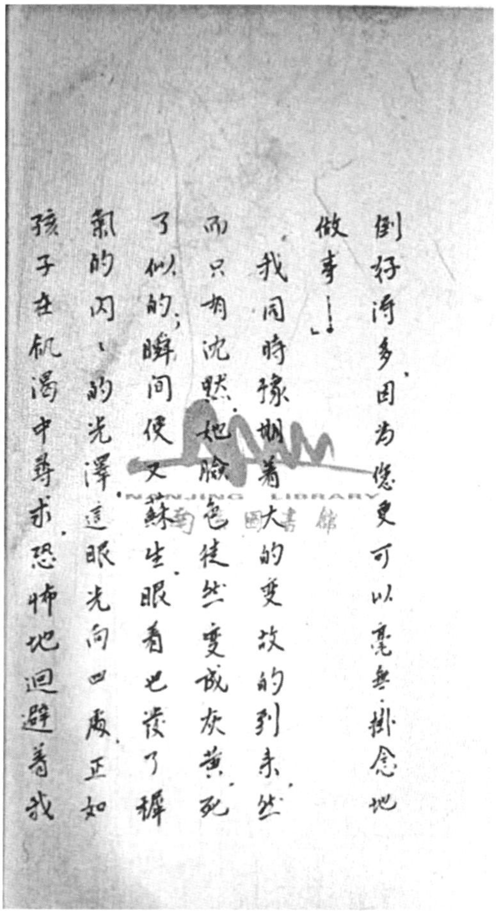

倒好得多，因為您更可以毫無掛念地
做事！」
我同時豫期着大的變故的到來，然
而只有沈默，她臉色徒然變成灰黃，死
了似的；瞬間便又蘇生，眼看也發了稚
氣的閃閃的光澤，這眼光向四處，正如
孩子在飢渴中尋求，恐怖地迴避着我

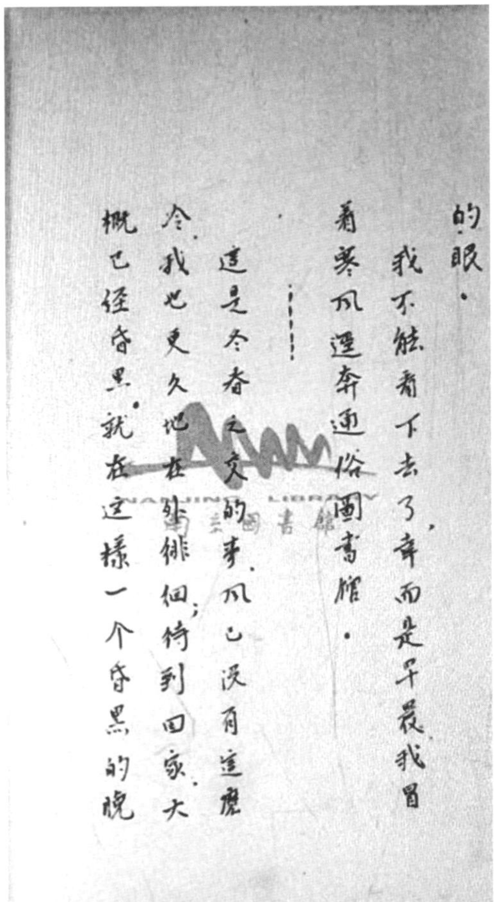

的眼。
我不能看下去了，幸而是早晨，我冒
着寒风逕奔通俗圖書館。
……
這是冬春之交的事，风已没有這麼
冷，我也更久地在外徘徊；待到回家，大
概已经昏黑。就在這樣一个昏黑的晚

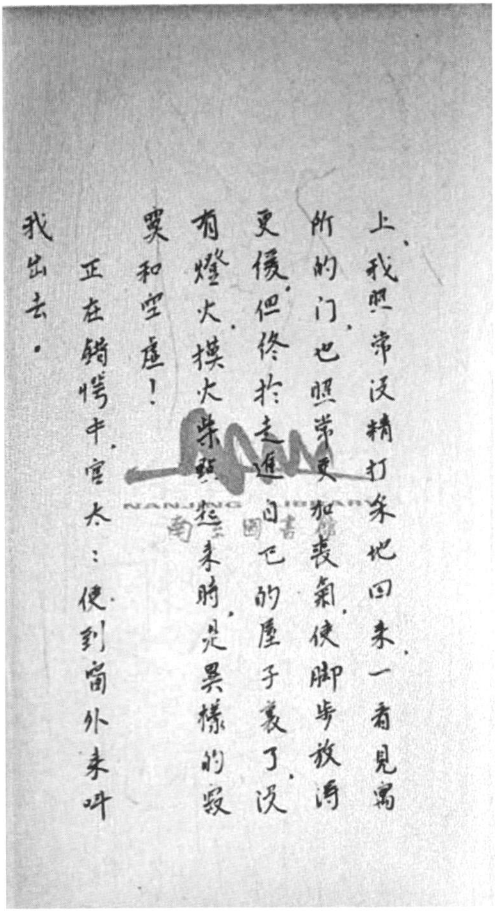

上，我照常没精打采地回来，一看見寓
所的门，也照常更加丧氣，使脚步放得
更緩。但终於走進自己的屋子裏了；没
有燈火；摸火柴點起来時，是異樣的寂
寞和空虚！
　正在錯愕中，官太太便到窗外来叫
我出去。

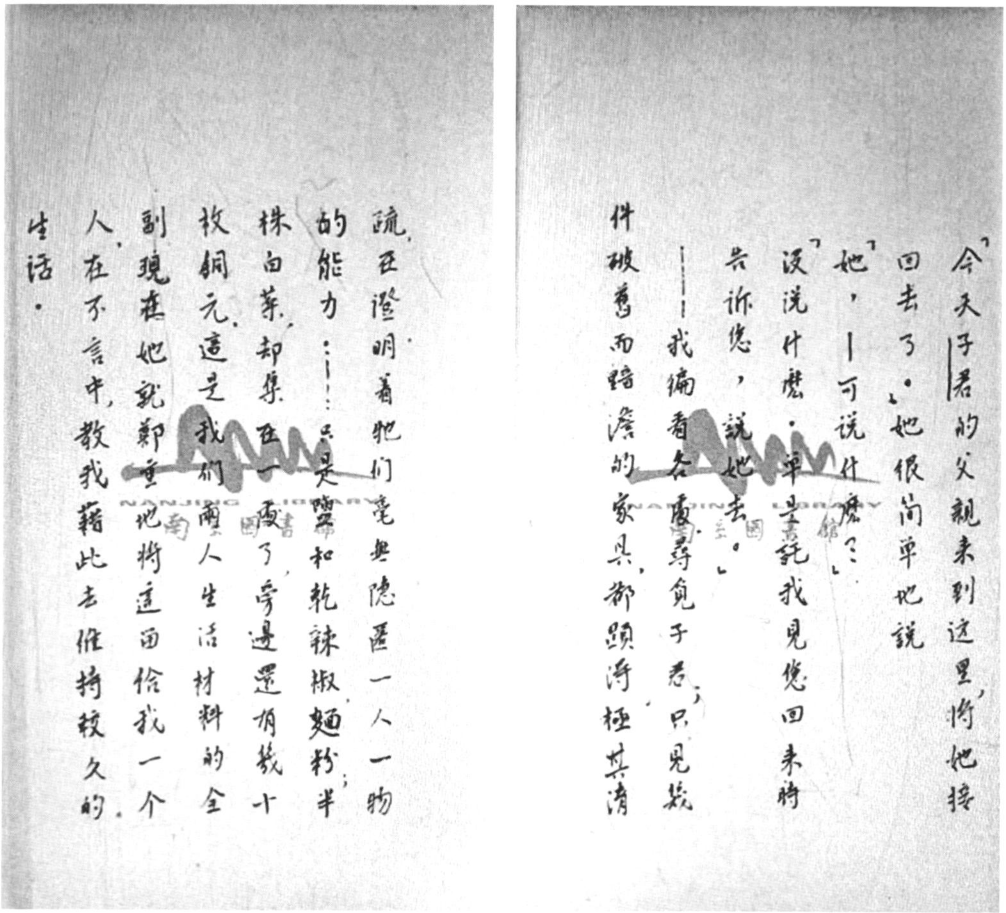
「今天子君的父親來到這里，將她接回去了。」她很簡單地說。

「她，—可說什麼？」

「沒說什麼。單是託我見您回來時告訴您，說她去了。」

……我徧看各處尋覓子君，只見幾件破舊而黯淡的家具，都顯得極其清疏，在證明着牠们毫無隱匿一人一物的能力：……只是鹽和乾辣椒，麵粉，半株白菜，却集在一處了，旁邊還有幾十枚銅元。這是我們兩人生活材料的全副，現在她就鄭重地將這留給我一个人，在不言中，教我藉此去維持較久的生活。

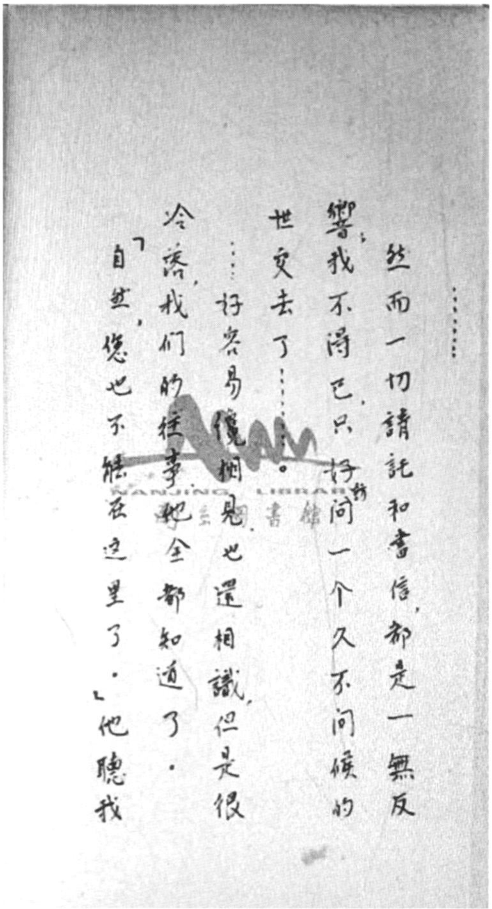
……
然而一切請託和書信，都是一無反
響；我不得已，只好訪問一个久不問候的
世交去了……。
……好容易纔相見，也還相識，但是很
冷落，我們的往事，他全都知道了。
「自然，您也不能在這里了。」他聽我

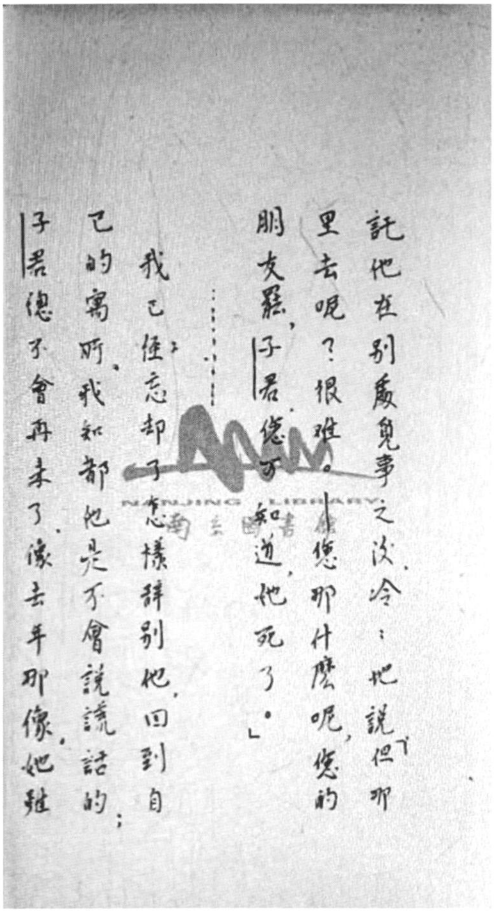
託他在別處覓事之後，冷冷地說「但那
里去呢？很難。——您那什麼呢，您的
朋友罷，子君，您可知道，她死了。」
……
我已經忘却了怎樣辭別他，回到自
己的寓所，我知道他是不會說謊話的；
子君總不會再來了，像去年那樣。她雖

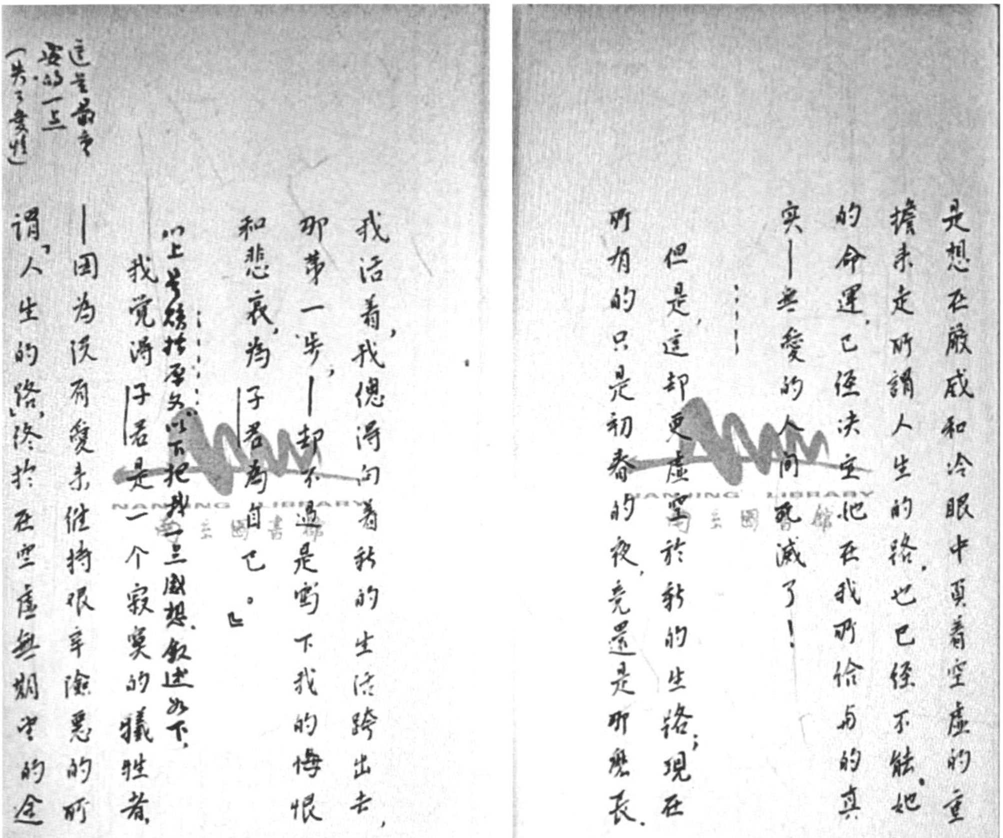
是想在嚴威和冷眼中負着空虛的重
擔來走所謂人生的路，也已經不能。她
的命運，已經決定，把在我所給與的真
實——無愛的人間，毀滅了！
……——
但是，這却更虛空於我的生路；現在
所有的只是初春的夜，竟還是那麽長。

我活着，我總得向着我的生活跨出去，
那第一步，——却不過是寫下我的悔恨
和悲哀，為子君為自己。
以上是摘於原文，以下把我之三感想，叙述如下：
我覺得子君是一個寂寞的犧牲者，
——因為沒有愛來維持艱辛險惡的所
謂「人生的路」，終於在空虛無期望的途
這是前面要的一点（失了愛性）

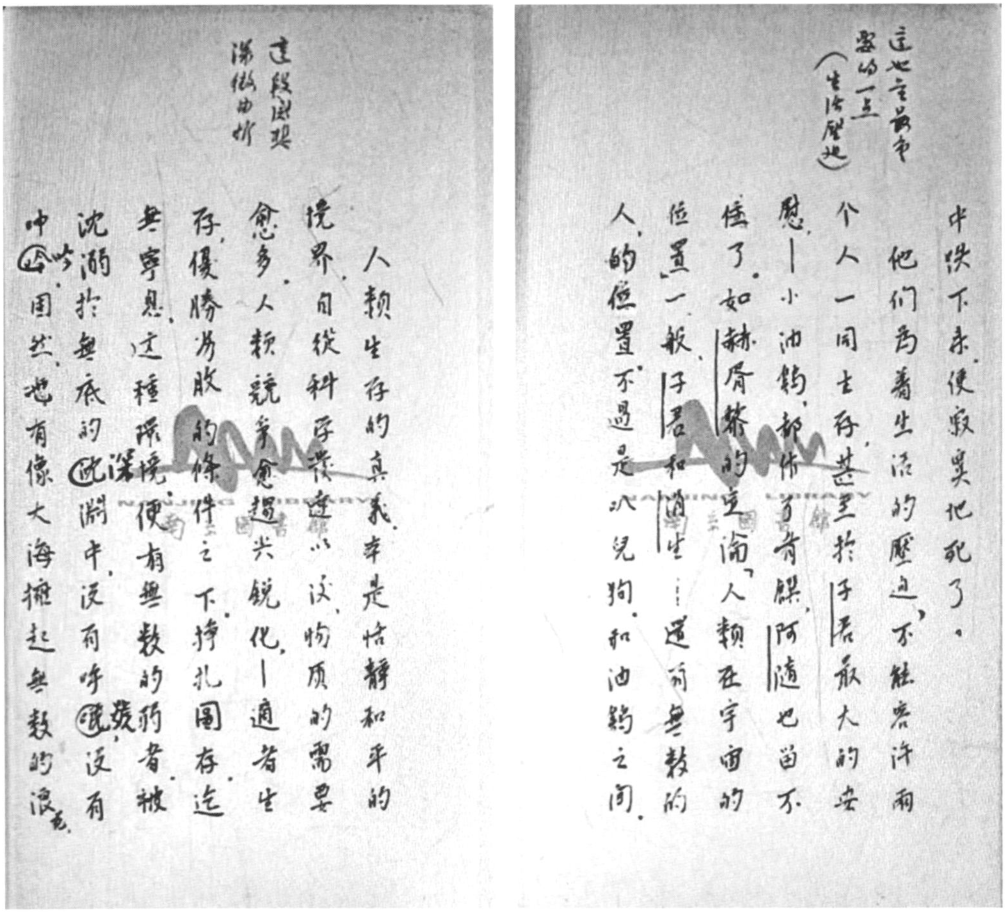

這也是最重要的一点（生活壓迫）

中洪下來，便寂寞地死了。

他们為着生活的壓迫，不能容許兩个人一同生存，甚至於子君最大的安慰——小油鷄，都作了青餜，阿隨也留不住了。如赫胥黎的定論「人類在宇宙的位置」一般，子君和涓生……還有無數的人，的位置不過是小兒狗，和油鷄之間。

這段觀點深微曲折

人類生存的真義本是恬靜和平的境界，自從科學發達以後，物質的需要愈多，人類競爭愈趨尖銳化——適者生存，優勝劣敗的條件之下掙扎圖存，這無寧息。這種環境，便有無數的弱者被沈溺於無底的深淵中，沒有呼號，沒有中吟，固然也有像大海掀起無數的浪花

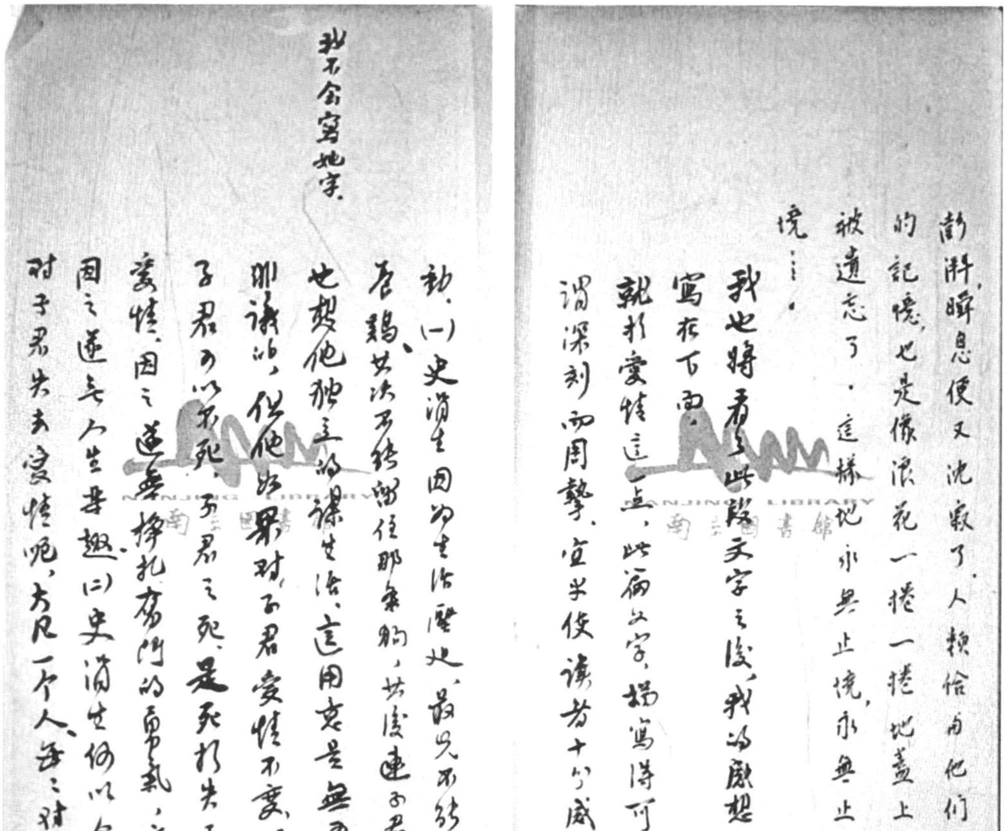

漸漸，瞬息便又沈寂了。人類給予他們
的記憶，也是像浪花一捲一捲地蓋上
被遺忘了。這樣地永無止境，永無止
境……。
我也將看了此段文字之後，我的感想
寫在下面。
就於愛情這一點，此篇文字描寫得可
謂深刻而周摯，宜乎使讀者十分感
動。(一)史涓生因為生活壓迫，最後不能
養鷄，甚決不能留住那條狗，甚至連子君
也想使她獨立的謀生活，這用意是無可
非議的。但他如果對子君愛情不變，則
子君可以不死。子君之死，是死於失了
愛情，因之遂無掙扎奮鬥的勇氣，亦
因之遂至人生無趣。(二)史涓生何以會
對子君失去愛情呢，大凡一个人，每々對於

我不會寫她字.

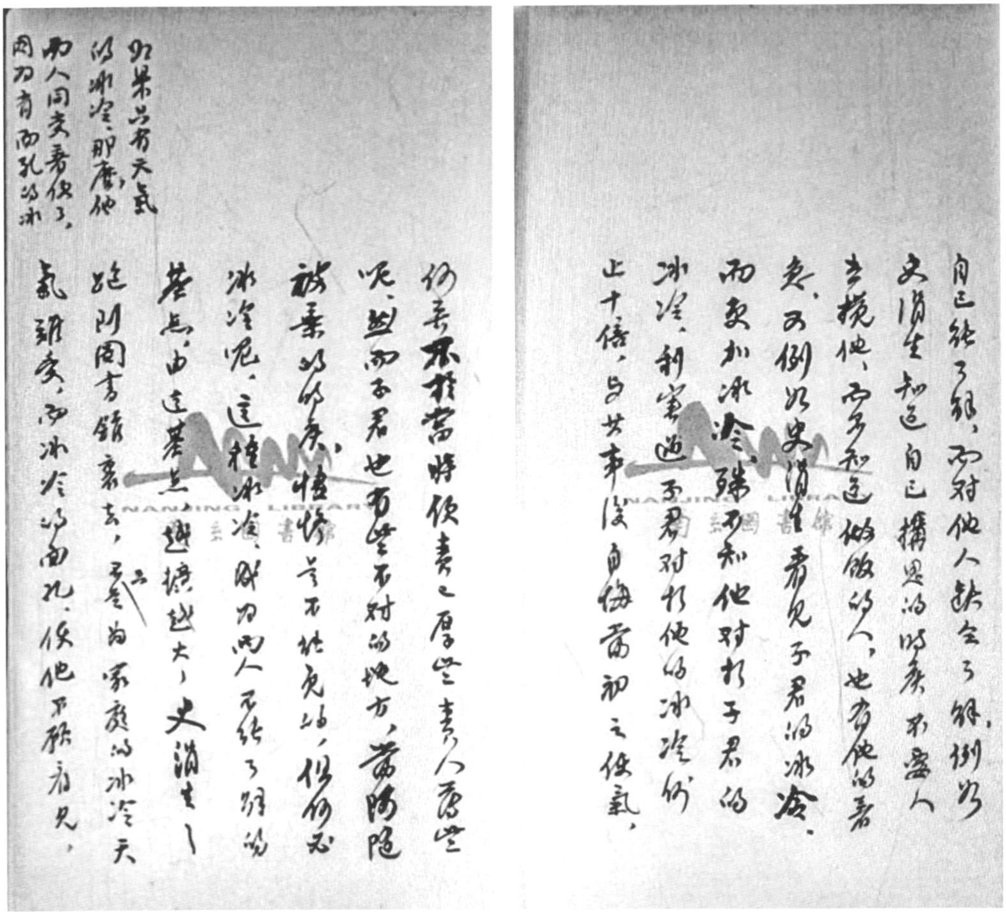

自己能了解，而對他人缺乏了解，例如丈夫涓生知道自己攜退的時候，不要人去擾他，可是卻不知道他做的人，也有他的看見，又例如丈夫涓生看見子君的冰冷，而更加冰冷，殊不知他對於子君的冰冷，刺激過於子君對於他的冰冷何止十倍，與其事後自悔當初之使氣，

如果只有天氣的冰冷，那麼他兩人同受著便了，因為有面孔的冰

何其不檢當時使責己厚些，責人薄些呢，然而子君也有些不對的地方，當時隱被丈夫的脾氣，惶惶然不能見他，但何不冰冷呢，這種冰冷，則為兩人不能了解的苦點，由這苦點越積越大，丈夫涓生了跑到圖書館裏去，不堪為家庭的冰冷天氣難受，而冰冷的面孔，使他不願看見，

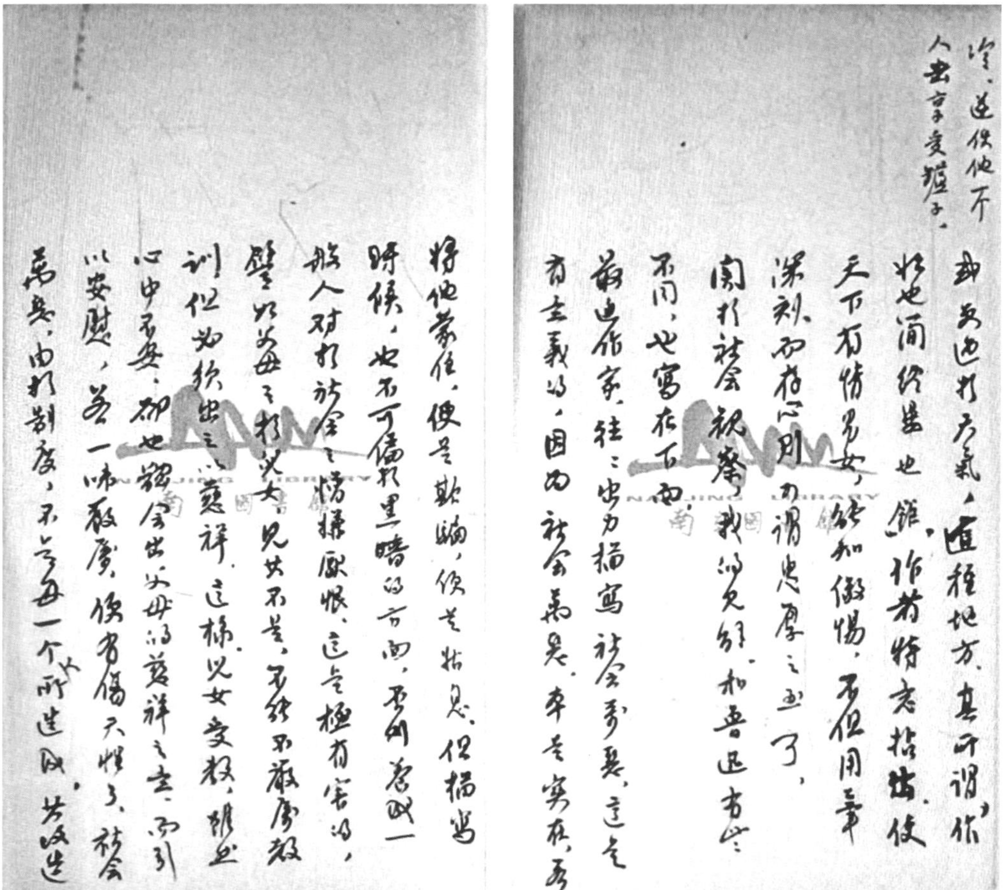

窮，逼使他不
人去享受壇子。
趙安迪打天氣，這種地方，真可謂作
者也酒給甚也錯，作者特意指出使
天下有情男女，能知儆惕，不但用筆
深刻，而且心用，可謂忠厚之至了，
關於社會觀察，我們見解，和魯迅有些
不同，也寫在下面：
前面作家，往往出力描寫社會弱點，這是
有主義的，因為社會弱點，本是實在，而

將他暴住，便是欺騙，便是粉飾，但描寫
時候，也不可偏於黑暗的方面，否則惹起一
般人對於社會之憎惡厭恨，這是極有害的，
譬如父母子女，父母不善，子女不敢彈劾
訓但好於出之以慈祥，這樣父女交救，雖然
心中不安，卻也能含父母的慈祥之意，而引
以安慰，若一味彈劾，便有傷天性了，社會
弱點，由於制度，不以父母一個人所造成，其改造

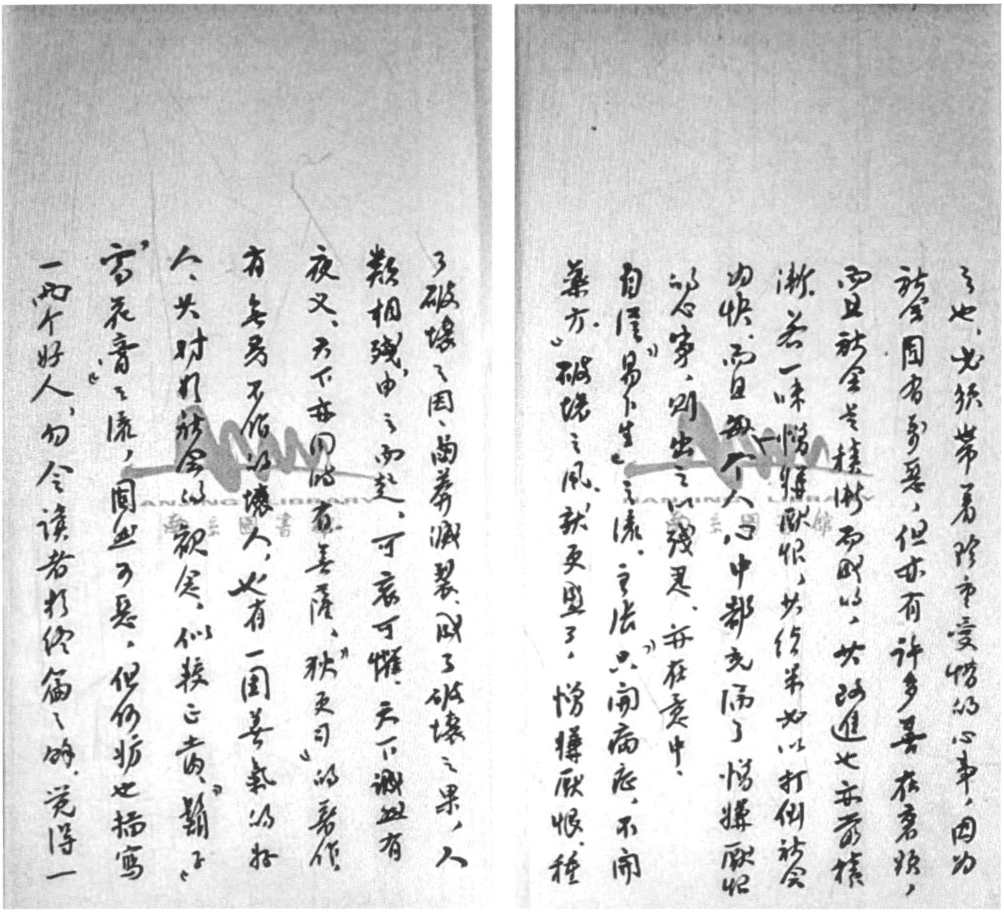

了也，也孩常看作受憎的心事，因为讨厌固有可恶，但亦有许多善在里头，而且讨厌是模糊而暧昧的，只能进也亦有模糊。若一味憎嫌厌恨，只得弟如以打倒讨厌为快，而且讨厌一人，心中都充满了憎嫌厌恨的心事，则出之以残忍，亦在意中，自经易下生之流，之后只有病态，不有药方。破坏之风，就更盛了，憎嫌厌恨，种了破坏之因，尚莠滋蔓，成了破坏之果，人类相残，由之而起，可哀可怜。天下诚然有夜叉，天下亦同然有菩萨，然更可怕的是作有无为不作的坏人，也有一团善气的好人，只材料讨厌的观点，似较正确，显了高尚之流，同然可恶，但何妨也描写一两个好人，如今读着好的篇之时，觉得一

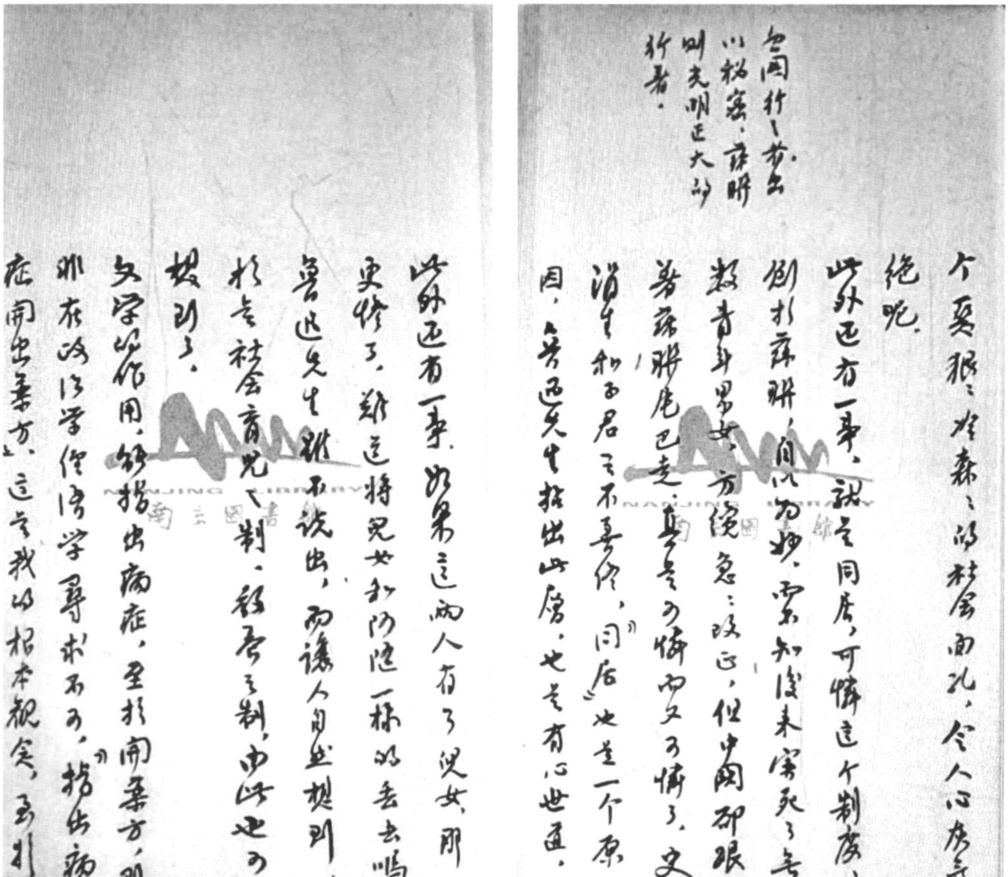
个要狠狠、森森的社会面孔，令人心灰气
绝吧。
此外还有一事，就是同居，可怜这个制度，
倒於离婚，自从那时，不知从来害死了多
数青年男女，方才急急改正，但中国那狠
旁离婚已走，真是可怜而又可怜了。丈
消了和不居于不要了、同居也是一个原
因。鲁迅先生指出此层，也是有心世道。

白同折々苦出
小秘密，离婚
则光明正大的
折者。

此外还有一事，如果这两人有了儿女，那
更惨了，难道将儿女和阿随一样的丢去吗，
鲁迅先生虽不说出，而让人自然想到，
於是社会育儿々制，能否了制，由此也可
提到了。
文学的作用，能指出病症，至於開药方，则
非在政治学经济学专求不可，指出病
症開出药方，这是我的根本观念，至於

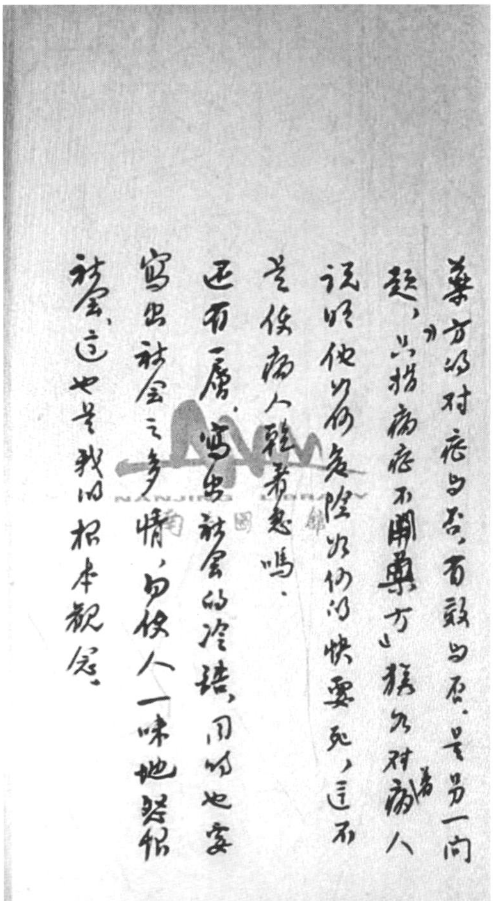

藥方的对症與否，有效與否，是另一問題，只指病症不開藥方，禁不住對病人說明他的病危險以及他的快要死，這不是使病人難著急嗎。還有一層，寫出社會的冷酷，同時也要寫出社會之多情，而使人一味地怨恨社會，這也是我們根本觀念。

附錄

按日記提及的先後次序收錄相關的民國報刊，資料來源
自香港公共圖書館舊報紙主題館及全國報刊索引。

首都又遭空襲

敵機大舉轟炸蘇州

紅會裏傷所全被毀

【中央社南京十五日電】敵機十餘架、十五日下午一時三刻沿京滬路來首都襲擊、飛至丹陽一帶、除十餘敵機飛往揚州肆虐外、中有六架輕轟炸機向京進發、三時許在京上空發現、飛行甚高、經我高射鎗砲愼重射擊、敵機倉皇竄至光華門外大校場附近濫投二十餘彈而去、事後調查、炸彈均落郊野、我方無何損失、

【中央社南京十五日路透電】日轟炸機三架偕驅逐機三架、今日午後襲攻南京、轟炸機飛過首都兩次、在光華門外鄉落炸彈、南京附近各城如揚州等處有日機二十架從事轟炸、

〈首都又遭空襲〉，《大公報》（上海），1937年11月16日，頁3。

汪主席發表談話

政府移渝意義重大非棄首都

目前切要工作莫過固結民心

中央政治委員會汪主席、於昨日上午十一時由京乘中山艦抵漢、此間各界領袖，均至江干歡迎、同來者有中委曾仲鳴、中政會秘書曾宗蔭、羅廣霖、林汝珩、陳國琦，汪屺、陳常燾、陳允文等、中央社記者於午後晉謁汪主席、就目前大局請其發表意見、主席首言國府移駐重慶事謂吾人爲求國家民族之生存、長期抗戰，已爲全國上下確立不移之一致信念、國民政府移駐重慶、主要意義有二、第一、不受敵人威脅、第二，期能發動全民最廣大之抗戰力量，此舉絕非放棄首都，吾人對於首都之捍衛、誓必以最大之努力，作最持久之奮鬥、即滬杭京滬兩路沿綫、吾人亦必節節堅强抵抗、而予敵人以重大打擊、現在林主席業已啟節赴渝、按照本黨總章規定、中央黨部必須設於國民政府所在地、故中央黨部亦決移駐重慶、中樞其他機關，因事實上必要、或在各適當地點設立辦公處　主席繼就外交方面加以敍述、謂吾人始終信任國際和平機構　吾人對於國聯及九國公約會議之種種努力、相信終必有益於遠東以及世界和平、自我全面抗戰發動以來、國際間咸具深切同情，目前九國會議、雖尚無具體成就、吾人相信對於援助中國一點、當不致使吾人失望、即制裁侵畧國問題、遲早或亦可見諸實行，關於中蘇、中義、中德間關係、主席亦曾分別予以申論、謂蘇俄與中國具有共同利害關係，必須共同努力、以遏止危害遠東和平之暴力、義國加入日德協定、爲對付歐洲問題之一種國策、其對華友誼、當不致蒙何影響、最近陳專使已抵羅馬、中義友誼關係必能因此而益臻鞏固、吾人所深切盼望於義政府者、在不袒護日本，致有損於中義友誼關係、中德經濟商務關係、極爲深切、自日本發動侵畧，戰事以來、中國固遭受最大損失，德國在商務上損失亦非常深重、故吾人希望德國不致因日德騐防共協定、而影響中德間密切關係、主席末謂、吾人目前最切要工作、莫過於固結民心云云、主席談話歷一小時許，精神甚佳健康已完全恢復。

〈汪主席發表談話〉，《漢口中西報》（漢口），1937年11月24日，頁3。

MONDAY 29. NOVEMBER 1937 THE SIN WAN PAO PUBLISHED DAILY, SUNDAYS INCLUDED

中華民國二十六年十一月二十九日星期一

新聞報

第一萬五千九百七十九號

（中宣內政部登記證警字第貳伍捌號）

今日本報一張半

今日提要

▲無錫陣線西移
▲長興方面日軍轉向皖境
▲唐生智向旅京外僑發表談話
▲外部在漢正式辦公
▲英法談話將先討論上海局勢
▲電報局昨被接收
▲南市火已逼近難民區

無錫戰事西移山地 長興日軍進窺皖境

江陰炮戰劇烈要塞屹然無恙

（本埠消息）據南京方面外人消息、此間已證實無錫及長興之失陷、讀前日無錫巷戰之結果、我軍已放棄無錫、西移新陣地、無錫西境多山、足資扼守、至長興方面、日軍分兩路、一路沿太湖邊京杭國道北進、以窺宜興、一路則西進以窺皖境之廣德、日軍大部現在湖州廣德間、

▲英人快訊社南京二十八日電　據華人方面消息、太湖南岸長興方面、前晚仍在激戰、外傳華軍已放棄長興說、尚待證實、但該處形勢、確甚吃緊、（又電）聞無錫城華軍、因一切防禦工事悉被日軍炮火所燬、業已放棄無錫、退守常州、但無錫城廂外四郊、前晚尚有戰事、

江陰要塞連日炮戰

日機多架猛炸鎮江

唐生智談死守首都

京滬線上之遊擊戰

〈無錫戰事西移山地〉，《新聞報》（上海），1937年11月29日，頁1。

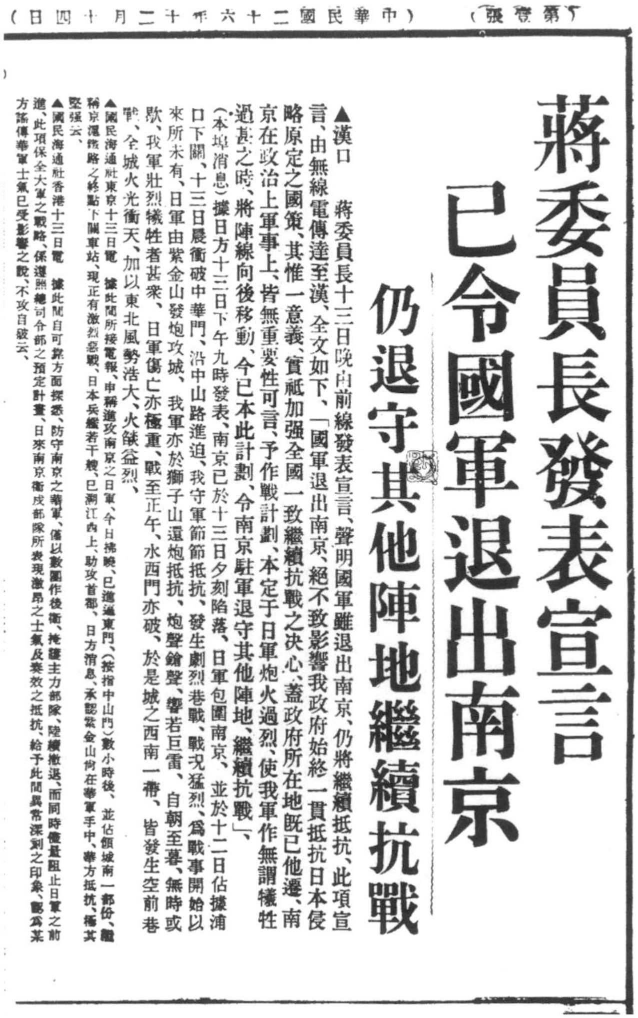

（第壹張）（中華民國二十六年十二月十四日）

蔣委員長發表宣言
已令國軍退出南京
仍退守其他陣地繼續抗戰

▲漢口　蔣委員長十三日晚由前線發表宣言、聲明國軍雖退出南京、仍將繼續抵抗、此項宣言、由無線電傳達至漢、全文如下、「國軍退出南京、絕不致影響我政府始終一貫抵抗日本侵略原定之國策、其惟一意義、實祇加强全國一致繼續抗戰之決心、蓋政府所在地既已他遷、南京在政治上軍事上、皆無重要性可言、予作戰計劃、本定于日軍炮火過烈、使我軍作無謂犧牲過甚之時、將陣線向後移動、今已本此計劃、令南京駐軍退守其他陣地、繼續抗戰」、

（本埠消息）據日方十三日下午九時發表、南京已於十三日夕刻陷落、日軍包圍南京、並於十二日佔據浦口下關、十三日晨衝破中華門、沿中山路進迫、我守軍節節抵抗、發生劇烈巷戰、戰況猛烈、爲戰事開始以來所未有、日軍由紫金山發炮攻城、我軍亦於獅子山還炮抵抗、炮聲鎗聲、響若巨雷、自朝至暮、無時或歇、我軍壯烈犧牲者甚衆、日軍傷亡亦極重、戰至正午、水西門亦破、於是城之西南一帶、皆發生空前巷戰、全城火光衝天、加以東北風勢浩大、火燄益烈、

▲國民海通社東京十三日電　據此間所接電報、申稱進攻南京之日軍、今日拂曉、已進逼東門、（按指中山門）數小時後、並佔領城南一部份、繼稱京滬鐵路之終點下關車站、現正有激烈惡戰、日本兵艦若干艘、已溯江而上、助攻首都、日方消息、承認紫金山尚在華軍手中、華方抵抗、極其堅强云、

▲國民海通社香港十三日電　據此間自可靠方面探悉、防守南京之華軍、僅以數團作後衛、掩護主力部隊、陸續撤退、而同時儘量阻止日軍之前進、此項保全大軍之戰略、係遵照總司令部之預定計畫、日來南京衛戍部隊所表現激昂之士氣及奏效之抵抗、給予此間異常深刻之印象、藉爲某方謠傳華軍士氣已受影響之說、不攻自破云、

〈蔣委員長發表宣言〉，《新聞報》（上海），
1937年12月14日，頁1。

敵機炸沉美艦一艘

美孚三油船罹難死十九人

衆參兩院議員主强硬對日

赫爾談話俟接詳報後決定態度

〔美艦油船〕損害概况

中蘇均否認成立軍事協定

輿論之一般

英艦被炸事

英將提嚴重抗議

抗議書性質類事最後通諜

各報主張排除東方「土匪」

敵機炸沉美艦事

我國當局深表惋悼

日本侵略破壞益增世界不安

盛望列强斷然積極行動制止

徐次長昨幷親至美使館慰問

〈英艦被炸事〉、〈敵機炸沉美艦一艘〉，《漢口中西報》（漢口），1937年12月14日，頁4。

津浦綫北段山地戰開始

濟南昨被日軍侵入

華軍移格馬山守新陣地

魯各機關分遷泰安等地

青島形勢日益危急

【本報特訊】徐州消息：津浦北段戰事廿七日已由川河戰轉爲山地戰。據軍息，廿六日晚由濟陽，齊河强渡之日軍，於廿七日晨五時，侵入濟市，華軍現移格馬山拒守新陣地，并於離濟前，將各項重要建築及交通路綫，自動破壞，日軍雖入濟市，無異奪一死城。

【漢口廿七日電】路透社訊：聞濟南已爲日軍攻陷，證實此說之官報，尚未接到。惟據最近消息，濟南華軍，業已撤退城外，刻正發生戰事。

本市消息【同盟社訊】：據東京方面消息，日軍於廿七日三面進攻濟南，已突破華軍防綫。

【本報特訊】濟南消息：濼口邢家渡北岸之日軍，仍不斷向華軍陣地開砲轟擊，隆隆之聲不絕，華方某軍長，仍率所部，在前綫作戰，濟南各機關分移泰安單縣兗州各地。

【本報特訊】青島消息：據燕縣軍息：日軍於廿五日晚十一時，進佔周村，一面分攻張店博山，一面沿膠濟路東下，以包圍形勢，進攻青島，日艦在海面，亦積極活動，屢欲試探登陸，均被擊退，此間空氣極爲緊張。

【漢口廿七日電】路透社訊：華人各界內日軍已在離濟南六十五里張店地方，越過膠濟鐵路，今皆承認濟南與青島之地位，甚爲阽危。華軍現拒守濰縣，以阻日軍，向青島進迫，又防守濟南華軍，現正抵抗日軍西進。

【青島廿八日電】美聯社訊：青島市長沈鴻烈，於今日發出佈告，勸告青島諸兄弟姊妹們，立即離去，因欲青市避免戰爭，已不可能，逃難華人，終日絡繹不絕，商店多已上板關門。

……惟孫氏任駐蘇大使之說，恐未必實現。前外交部駐滬辦事處處長余銘，現已前往莫斯科，任駐蘇代辦。蘇聯新任駐華大使奧萊爾斯基，今日午後拜會王外長，呈遞國書日期，尚未決定，大約在明年一月初旬。外部人員五十名，

〈濟南昨被日軍侵入〉，《大美晚報晨刊》（上海），
1937年12月28日，頁1。

奉蔣委員長電令

炸燬日紗廠區

損失達美金一萬萬元

證明中國已變更戰略

（美聯社十八日上海消息）中日兩國戰事之重心，現移趨於青島方面，蓋昨晚六時起，華方將日本紗廠區實行炸燬，現已有十四處發生大火。北風極烈，故火勢浩大非常。初，華方縱火時，係用煤油灌澆各廠，火勢發作後，立即延及工人住宅區，損失約達美金一萬萬元。今晨起，又有六處因被炸續生大火。傳聞青市府不久即將撤退。青市上空，今晨起已有日機兩架，開始偵察。青市海港，於昨晚起，即已開始封鎖，戒嚴令亦於昨晚六時起實施；但在今晨起即已解除。城中各方，目下尚稱安靖。據各方觀察：華方炸燬日本工廠區之用意，乃在表示華方已放棄守勢戰，而採取攻勢戰。從此以後，日人在華財產，將有全部消滅之虞。同時，在漢口之日租界，在不久之後，或將全部由華方收回，蓋此種政策爲中國共產黨在一月以前，即已主張。日本在青島之工廠區，係在青市背後之四方。日人對於青市，向無軍事動作，其用意乃在防杜華方之燬滅其大量財產，故軍事行動，祇在黃河以北。同時，屢向韓復榘氏，威迫利誘，其主要原因即在於此。據青市當局聲稱：炸燬日本工廠之計劃，在九日起即已準備完畢，惟[illegible]守待中央政府命令，故始克實行。聞青市長沈鴻烈氏，尚望保持該方面之中日和平，曾請求中央政府暫緩執行此種破壞行動。又據聲稱：自昨晚以至今晨之破壞計劃，係由蔣委員長直接發令。尚有一點，堪加注意者，即毛澤東彭德懷等，均已被任[illegible]軍事委員會委員。聞日軍在不久之後，將在青島附近登陸。

（本報特訊）美國駐亞洲艦隊旗艦奧格斯塔號，原定本星期二開行離滬，經馬尼拉返美；嗣因潘南號被炸案之猝然發生致告延期，改定今日上午十一時啓椗離滬，茲復因時局關係，決作第二次之展期。另據報告：美國軍巡洋艦「大理石頭」號暨其他不知名之軍艦多艘，已因青島局勢嚴重，於今日離滬駛青，保衛當地美僑云。

〈奉蔣委員長電令炸燬日紗廠區〉，《大美晚報》（上海），1937年12月19日，頁1。

敵未能突過濰縣

青島仍在我固守中

沈鴻烈督勵所部撑持危局

千佛山我予濟市敵以重創

中央社上海二十八日路透電．日官方宣稱、連攻濟南四日始進城、華軍在撤退前全城重要建築均付之一炬、省政府辦公廳及日總領事館亦成灰燼、據日本報紙所載當日軍進城時、環城瀰漫鋒燄．日軍佔據濟南此爲第二次、其第一次在一九二七年五月 蓋當蔣介石將軍領導國民革命軍北伐之際也，日軍越黃河現已在張店切斷膠濟鐵路向青島進攻、華軍撤至濰縣云

中央社青島二十八日電、據前方軍訊、敵佔周村後．即沿膠濟線向東西兩路猛進西路陷黃台直撲濟南、東路向青島迂廻包抄、企圖斷我後路、青島海面敵艦增多、活動甚力．經我堵截、未得登陸、敵機二十八日上午兩次飛來窺察、又據煙台電話：有敵艦一艘、于末山炮台下錨、至發電時尚未去、青島雖已陷入重圍、但沈市長仍會同軍事長官督勵所部、嚴重警戒、撑持危局、地方秩序甚安、近一再發表告民衆書．勸市民從速遷避，以免無謂犧牲、有「願先吾民而死不願後吾民而生」之語、言與淚俱、閱者感動、

中央社徐州二十八日電 津浦北段我軍，二十八日守長清白馬山千佛山淄川之綫、千佛山我軍憑居高臨下之優越地勢 二十八日晨向由濟市商埠開入城垣之敵千餘人，予以猛射擊、斃敵甚衆、至向晉京廻進之敵、經我軍阻擊、二十八日仍未能突過濰縣、青島現仍在我軍固守中、

青島二十八日路透電 首批離青美僑二十八日晨乘美砲艦薩克萊蒙號啟椗、艦中共載客約四十五人、駐于膠濟鐵路一帶華軍、因日軍威脅青島、聞已將沿路所有橋樑全行炸毀、以阻日軍前進，此間商店多已停業、華人銀行全已閉門、惟外人所設商店仍照常營業、

中央社青島二十七日路透電，此間一部分美僑爲遵守華盛頓國務院之勸告撤退、今日乘美輪沙克萊孟陀號離青赴滬 此間觀察家相信日軍將由水陸兩路會攻青島、故該區戰事不久即將爆發、據可靠報告、膠濟路某重要軍客車站于星期日被轟炸、濰縣鐵橋業被華軍炸燬、阻止日軍前進、此間中國官員否認外傳將炸毀自來水管、市政府人員仍將留職、新任警察局長廖恩伯（譯音）談、即令日軍進城彼亦將死守、據聞渠已立有遺囑云、自在港口外封鎖後、所有船隻不得不留在膠州灣內、乘客出入均須易乘小舢板、舟子乘機敲詐、每乘客自港口至灣內索費達五元之巨、關于日艦封鎖青島事、英航業界、以爲將不致變更青島航行境況、因中國船隻已數月未開到此間也，此間局勢雖緊張、外僑仍照常慶祝耶蘇誕節、戒嚴時間原爲晚間七時起是夜則延長至半夜以後云、

中央社徐州二十七日電，大批敵軍由津沿津浦線南下、內有坦克車及子彈等、其軍隊多自平綏綫抽調而來、 在津復換符號後南開、

〈敵未能突過濰縣青島仍在我固守中〉，《漢口中西報》（漢口），1937年12月29日，頁3。

發刊詞

在民族自衛戰爭的怒潮中，本報得與讀者諸君及全國同胞相見，本報同人實覺無限之感奮及欣幸，甚願于此相見之初，一傾本報創立之初衷及今後努力之鵠的。

日寇猖狂，國家破碎，我前方數十萬將士正以熱血頭顱爲民族之獨立生存而流血犧牲，我後方千百萬民衆亦正以英勇堅毅之精神爲前線之勝利而努力奮鬥。全中國沸騰着。「貫澈抗戰到底，爭取最後勝利」，在今天成爲激響于全中國的雄偉壯烈的呼聲。我們堅信在偉大的民族覺醒的基礎上，在我們的力量更廣泛的動員，更嚴密的組織，更親切的團結的基礎上，中華民族的兒女們是有充份的力量足以戰勝日寇，維護我們珍貴的民族生命的。本報願在爭取民族生存獨立的偉大的戰鬥中作一個鼓勵前進的號角。爲完成這個神聖的使命，本報願爲前方將士在浴血的苦鬥中，一切可歌可泣的偉大的史跡之忠實的報道者紀載者；本報願爲一切受殘暴的寇賊蹂躪踐踏的同胞之痛苦的呼籲者描述者，本報願爲後方民衆支持抗戰參加抗戰之鼓動者倡導者。在「抗日高于一切，一切服從抗日」之原則下，本報將盡其棉薄提倡與讚助一切有利于抗戰之辦法，設施，方針，力求其迅速確實的實現，而對於一切阻礙抗日事業之缺陷及弱點，本報亦將勇敢地盡其報紙的警鐘的功用。本報願與全國一切志切救國的抗日的戰士與同道，互相勉勵，手攜手地共同爲驅除日寇爭取抗戰最後勝利而奮鬥。

不僅如此，我們深信，當前挽救國家危亡的民族自衛抗戰實爲我中華民族復興之必經途徑及其起點。爲我們民族的光輝的前途計，不僅需要在今天全國同胞精誠團結共同救國，而且需要在抗戰勝利後和衷共濟共同建國。民族獨立，民權自由，民生幸福的新中國是我們民族優秀的兒女們近百年來前仆後繼再接再厲所力求實現的理想，我們願意在踏着先人們奮鬪的血跡而爲這崇高的理想而鬪爭時担負其應盡的職責。

欲求抗戰的最後勝利，欲求獨立自由幸福的新中國之實現，其在今天和將來，均舍加強我們內部的團結，鞏固抗日民族統一戰線外，別無方法與途徑。這是挽救時局和復興中華的關鍵。本報同人前曾爲創造此偉大的團結而努力奮鬪。于今團結初成之時，本報更將盡其所能爲鞏固與擴大抗日民族統一戰線而効力。本報願將自己變成一切抗日的個人，集團團體，黨派的共同的喉舌；本報力求成爲全國民衆的共同的呼聲；同時本報將無情地抨擊一切有害抗日與企圖分裂國內團結之敵探漢奸及托派匪徒之陰謀。務使實現地無分南北東西，人無分老幼男女之鐵一般堅固的團結，并且在這個團結之中，各種力量能夠互相幫助互相扶持，共同負責共同發展，四萬萬五千萬人民的堅固團結，將成爲牢不可破的新的長城，保護我們民族的生命，將成爲堅不可碎的新的基石，創立起獨立自由幸福的新中華！

當此發刊之始，本報更希望全國人士及讀者諸君，對本報力加扶持讚助培植指導，使新華日報能與我們光明燦爛的新中華同時生長發育與同垂永久！

〈發刊詞〉，《新華日報》（漢口），1938年1月11日，頁1。

我們的信箱

吳敏

我們有一個理想，就是做到讀者們都替本報寫文章，凡是看本報的人，都是替本報寫文章的人。

或者有人以爲這話太不實際。許多做工的，種莊稼的店舖裏的伙計，軍隊中的弟兄，大概都不敢寫，怕自己的文章不夠資格。沒有看見嗎？常常一個刊物說它是民衆的喉舌，但文章登載出來的，都是出名的作家們寫的，不出名的，登載就很少，若是普通民衆，那個直不必提起了。

這確是事實。

但是我們可以說出另外一種事實。出名的作家們可以把各方面的經驗綜合起來寫出有系統的文章，這是普通的民衆所不能的。但每一個普通的民衆，也可以寫出他自己那小範圍內的具體生活與工作經驗，這又是任何一個著名作家所不能的。比方說，一個工人把他們工廠裏的生活情形，救亡活動，以及他自己心裏積壓得很久的苦悶和希望具體寫出來，這眞是任何一個名作家所不能辦到的。

每個讀者要寫自己會寫的文章，寫自己特殊的文章，不要寫普通的，一般的文章。這種特殊性的文章是頂缺乏的，頂需要的。只有工人，農民，店員，兵士，學生，各種各樣的人都把他們的生產，他們的工作，他們所想的所不能解決的問題，都寫出來，然後我們的報紙才能眞正反映出全國在抗戰中的動態。

目前千變化的生活，沸騰般的抗戰工作，每天都要發生許許多多的問題。這些問題我們請求讀者們提出來，和我們討論。無論是救亡工作問題，救亡理論問題，或者是個人身邊的極瑣碎的生活問題 都是極有價值的。因爲要戰勝日寇，必須使這許多個別的問題都得到解決。所以也許你初看來，是一件無關要緊的事情，但這種問題的討論和解決，對於爭取抗戰的最後勝利，正是一種很重要的貢獻。

我們都不是什麼專家，以後遇到我們不了解的事情，我們將特別邀請懂得這問題的朋友們，來參加討論，使問題能夠得到盡可能的正確的解答。

我們的信箱在等待着你們。請記着：替我們寫一篇關於生活和工作的報告，提一個生活與工作中發現的問題，也是對於救亡工作，盡了一份責任。

〈我們的信箱〉，《新華日報》（漢口），1938年1月11日，頁5。

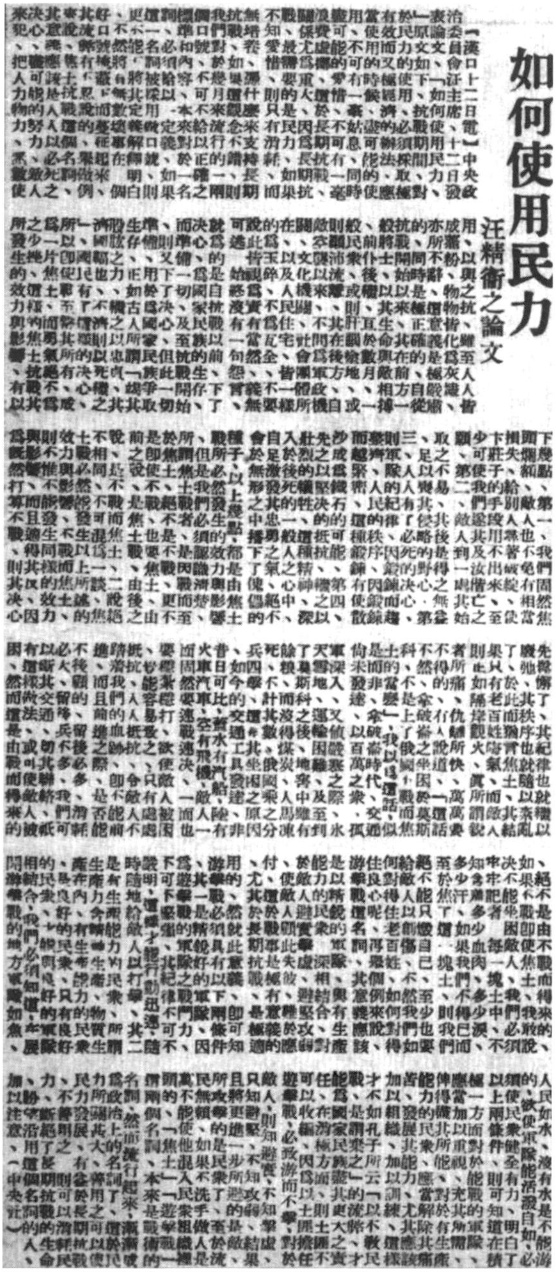

如何使用民力

汪精衛之論文

〈如何使用民力〉，《西京日報》（西安），
1938年1月13日，頁3。

日本宣言今午發表
今後不以國府爲對手
望日本國民更爲奮發

（同盟社東京十六日電）日本政府十六日正式發表聲明書，關於政府今後對華方針，闡明態度。其全文如次：

日本政府於南京陷落後，對於中國國民政府與以反省其態度之最後機會，而至今日，然國民政府不解日本眞意，策動抗戰，不察國內人民塗炭，對於東亞全局和平毫無所顧，因此日本政府，今後不以國民政府爲對手，期望眞能與日本提攜之中國新政府成立且發展，而擬與此新政府調整兩國國交，並協力建設新中國。日本政府尊重中國領土與主權及列國在華權益之方針，當然毫無變更。現今日本對於東亞和平之責任愈重，政府切望國民更爲發奮，實行此項重大任務。

（美聯社東京十五日電）據日本官方通訊社今晚報告：本週初所舉行之帝國會議，已決定日本須對中國之蔣委員長，作勝利之膺懲戰，因中國未能改變其對日態度也。據該報告稱：明日正午日本內閣將宣佈帝國會議之對華政策；並將聲述日本曾極度忍耐，以候中國政府態度之改變，唯中國政府並未有排除抗日份子之表示，故日本將被迫以更大之規模，繼續對華作戰云。

該通訊社復稱：日本駐華大使川越，將於一週內被召回國。該通訊社並預言中日之外交關係，將發生實際上之破裂。並稱：中國駐日大使許世英，亦將於下週間自動離日返國。據聞中國大使館現已購定亞洲皇后號輪之艙位八位，將於下週自橫濱赴香港。

觀察家相信：帝國會議既決定繼續對華作戰，則日本政府須於中國及本國，採取迅速之行動，使戰事得以從早結束，因中日戰事已使日本財政，遭受極大之壓力也。

據聞日外相廣田，曾探訪德國駐日大使竇克遜，說明日本目下對華之態度。預料德大使將以會議之決定，通知中國政府之領袖。

據日本內閣宣佈：日本歷史上第五次帝國會議之決策，將於星期日正午正式宣佈

（同盟社東京十六日電）政府十五日晚召開緊急會議，正式決定對華方針之聲明書，豫料本日中發表。內閣書記官長風見章，十五日晚八時發表謂，政府與大本營之聯席會議，本日下午七時半再開，全體一致決定聲明書原文，七時四十分散會。政府即於八時接開臨時閣議，由總理大臣說明聯席會議決定事項，得全體閣員承認，至八時十分散會。總理大臣八時四十分進宮，委曲上奏閣議決定事項。

【路透社東京十六日電】昨晚七時半舉行之帝國大本營與內閣代表會議，對於日本對華態度之宣言，草稿已獲完全同意；半小時後，內閣召開臨時會議，一致核准此稿。首相近衛，乃於晚間八時四十分入宮奏知日皇，定今午公布日本對華具體政策之宣言。聞外相廣田將訪晤德大使竇克遜，解釋日本對華政策。

【國民海通社東京十六日電】頃得官方消息稱：舉世矚目之日本對華政策宣言，決於今日公布。聞外相廣田，於宣言公布後，將拜訪駐日之德使竇克遜，討論宣言之內容，並解釋日本之態度。

〈日本宣言今午發表今後不以國府為對手〉，《大美晚報》（上海），1938年1月16日，頁1。

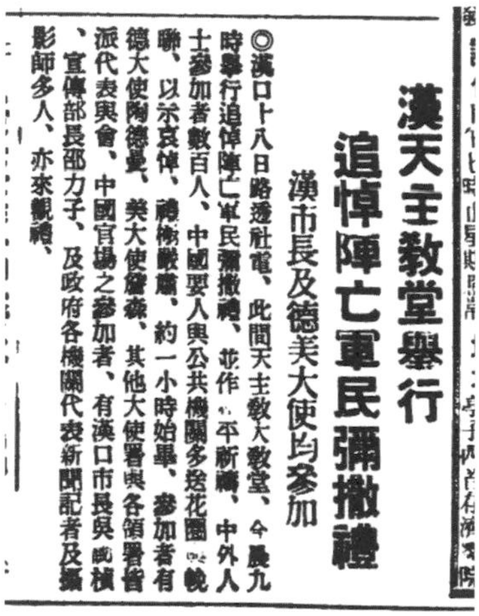

漢天主教堂舉行追悼陣亡軍民彌撒禮

漢市長及德美大使均參加

◎漢口十八日路透社電、此間天主教大教堂、今晨九時舉行追悼陣亡軍民彌撒禮、並作和平祈禱、中外人士參加者數百人、中國要人與公共機關多送花圈與輓聯、以示哀悼、禮儀嚴肅、約一小時始畢、參加者有德大使陶德曼、美大使詹森、其他大使署與各領署皆派代表與會、中國官場之參加者、有漢口市長吳國楨、宣傳部長邵力子、及政府各機關代表新聞記者及攝影師多人、亦來觀禮、

〈漢天主教堂舉行追悼陣亡軍民彌撒禮〉，
《時報》（上海），1938年1月18日，頁4。

由中國人保障之，最光榮的偉續，由中國人建樹之。不止維持一族之利益，並維持全世界人類之利益焉。」讀了上述一段話，就可以知道總理對於全國人民是抱有何等重大的期望，現在我們已逢到民族國家生死存亡的關頭，一方面感覺責任重大，一方面亦覺得前途必有無上光榮。同時對於現狀又感到不勝悲痛。現在我們爲民族爭生存，爲同胞復仇，爲人類保障文明，再不能有所容忍，人人都該發揚大仁大勇的精神，把自私自利，恐怖麻木的毛病，都要革除淨盡，以堅忍不拔的信心，各位本此努力奮鬥，把公私生活的情事，都要時時，置於緊張嚴肅的狀態中。人人都要準備以最大的力量，予敵人以致命的打擊。還要時時記得「殺身成仁」，「臨難毋苟免」一類的古訓。這就是我們人人在民族解放戰爭中，不可缺少的戰鬥精神。人人都具有這種悲慣精神，一定可以得到最後的勝利。現在再引　總理在「軍人精神教育」的講演中的一段話，作爲今天報告的結論。　總理說：「今日之我，其生也爲革命而生，其死也爲革命而死，我以吾人數十年必死之生命，立國家億萬年不死之根基，其價値之重要可知，願與諸君共勉之」。

抗戰期間我們所要注意的幾點

汪精衛

——一月二十三日在湖北省鄉政幹部人員臨時訓練班講——

諸君兄弟：今日無多話講，只想就抗戰期間，我們所要注意的，提出幾點。兄弟以爲抗戰期間，我們所要注意的，第一，是認識清楚敵人的力量。第二，是認識清楚國際的形勢。第三，是認識清楚自己的力量。敵人的力量怎麼樣呢？我們知道：敵人也有主張北進對俄的，也有主張南進對英的。既然這樣，敵人爲什麼不對俄對英作戰，而對中國作戰呢？這明明是敵人自顧力量不够，所以不敢和強者動手，而先將弱者來開刀。與其說是橫行無忌，不如說是賊膽心虛更切實些。國際的形勢怎麼樣？各國自從歐戰以來，準備戰爭與避免戰爭兩種心理。在各國間不斷的動盪着。從一方面看來，各國都有爆發戰爭的可能，從另一方面看來，各國都有暫時妥協的可能。我們自己的力量怎麼樣呢？從前所謂埋頭苦幹，是估計清楚自己的力量太不够了，所以儘可能的準備。因爲對付敵人，固然要有相當的力量，因應國際形勢，欲於其變化中，尋得出路也要有相當力量。明白了以上三點，便可知道數月以來，一切現象都不是什麼意外事。

先就敵人來說，我們將敵人的力量認識清楚之後，對於敵人，自然不存藐視，亦不存重視。中華民國締造至今，不過二十餘年，國民政府成立至今，不過十餘年，比起敵國明治維新有六十餘年的歷史，我們當然承認其爲先進。但是所謂先進，不僅在物質方面，而尤在精神方面。敵人今日所積累的物質，固然可以濟急，而其精神基礎，卻早已墮落無餘。即就剛纔所說賊膽心虛看來，便知所謂武士道，大和魂，已不値一笑。這種賊膽心虛的心事，左傳有一段描寫得最爲親切：「多則多矣，抑君似鼠，夫鼠晝伏夜動，不穴于寢所，畏人故也，今君聞晉之難而後作，寧將事之，非鼠而何。」敵人今日所以如此猖獗，不過看著中國革命尙未成功，而歐美各國亦各有其內亂，所以乘機作祟。這種看似猖獗，實在只是卑怯。我們一方固然認識敵人物質的優越，但是一方也認識敵人精神的墜落。所以我國只有抱著臨死不屈的態度，以與之周旋。

再就國際來說，我們的國際的形勢認識清楚之後，對於國際自然

〈抗戰期間我們所要注意的幾點〉，《閩政與公餘非常時期合刊》第十六期（1938年），頁3。

不存奢望，也不存失望。爲什麼呢？因爲國際形勢時時刻刻都在波動，將來變遷如何，即使各國當局，也不敢輕於判斷。然而以常識常理來判斷，也非不可能，如今往往聞人說道：「某某等國究竟出不出兵，究竟何時出兵呢？」我以爲這是猜謎，不是以常理常識來判斷。又聞人說道：「與其說他不出兵，不如說他出兵較爲妥當。」我以爲這是押寶，不是以常識常理來判斷。如果以常識常理來判斷，則可以知道各國間之準備戰爭，正如兩個錘子，時輕時重，準備戰爭的成分多，則戰爭爆發，有解決國際現有糾紛的可能，避免戰爭的成分多，則暫時妥協，有造成國際之新均勢的可能。

然則我們應該怎樣奮鬥呢？我以爲敵人最合算是不戰而屈。因爲這是不必費力而達到目的。其次是稍稍費力。最不合算是多多費力。如今敵人已由不費力而至於稍稍費力了。我們在這時候，惟有使他由稍稍費力，而至於多多費力。他的力越是費得多，別人謀他越是容易，正所謂「螳螂捕蟬，黃雀在後。」如果國際形勢推移的結果，至於爆發戰爭，則他會在這戰爭中被人消滅。如果國際形勢推移的結果，至於造成新均勢，則他會在這新均勢中，被人牽制。到那時候，我們方纔可以將國際的力量，和自己的力量配合起來，爲國家民族尋得一條出路。然而我們在這時候怎樣纔能使敵人多多費力呢？所謂消耗戰就是解決此種問題的。我們必須知道所謂消耗戰，望以我的力量消耗敵人的力量，所以我們的力量的使用，必須極經濟極有效，方才可以使敵人的力量逐漸的消耗了去。數日前拙論「如何使用民力」便是著重於此點的。拙論在積極方面，是指出善用焦土戰，游擊戰之如何於抗戰有益。在消極方面，是指出不戰而焦土，游而不擊之如何於抗戰有害。所謂游而不擊，其有害已無待說了。所謂不戰而焦土，似乎還有些人在懷疑。衆以爲如果因戰略關係，如果不能將人民先行遷徙，則所有物力，應該如何處置？是不可不加以考慮了。第一，在這時候，如果將所有物質固不留以資敵，同時亦無以資人民之生產。第二，在交通工具發達之今日，這種政策，不足以困敵人，而適以自困其人民。第三，民既無所資以爲生，除有力者，尚可離散而之四方外，其餘祇有轉於溝壑。證之數年以前江西等處，更可知所謂萬人坑，人民死於砲火之下者，其爲數遠不及死於無地爲生者之多。眞正言之傷心。我們必須知道消耗戰的目的，是消耗敵人，不是徒然消耗了自己。我們又必須知道人民有了力量，纔能以其力量，供消耗敵人之用。如果沒有人民，如何有消耗敵人之力量，我們更必須知道在展開游擊戰的地方，軍隊如魚，人民如水。如果這地方成了焦土，則水已沒有，魚何能游？以上種種，皆可證明所謂焦土戰，是戰而至于焦土。因爲這樣必能使敵人多多費力，敵人要焦我們一塊土，必須以其人力，與我們的人力相搏，以其物力，與我們的物力相搏。我們每一座建築，有我們的血汗，敵人每一個飛機炸彈，也有敵人的血汗。我們固然受了損壞，敵人同時也不能無所損失。這樣下去數量越來越多，時間越來越長，敵人終有筋疲力盡之一日。消耗戰之意義必是如此。諸君現在在研究鄉政，諸君將來是從事鄉政，諸君是最能與人民接近的，諸君是領導人民從事抗戰的。兄弟盼望諸君明於料敵，詳于分析國際形勢，兄弟尤盼望諸君深切了解，如何運用人民的力量。平日愛惜民力，乃至一草一木，都不肯浪費；臨時發揮民力，乃至一草一木，都使之得其用。換句話說：都使之能爲消耗敵人的力量，而消耗了去。只有這樣，纔能消耗敵人的力量。只有這樣，纔能稍遏敵人侵略的野心。只有這樣，纔能救回我們國家民族的生命。

勝算

我們爲爭取子孫萬代的自由，所以預備抗戰到底，非收復失土不止。此次戰事，三年五年十年不能說定，故小勝不可過喜，小敗不必驚惶，蔣委員長堅決地告訴我們，最後勝利一定屬於我們。同胞們，這話須謹記勿忘！

〈抗戰期間我們所要注意的幾點〉，《閩政與公餘非常時期合刊》第十六期（1938年），頁4。

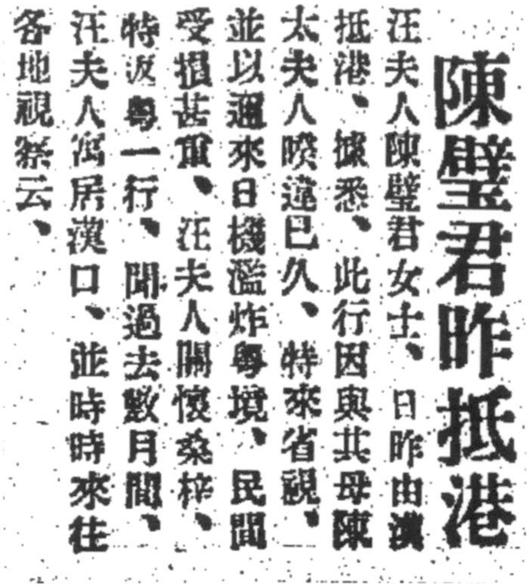

陳璧君昨抵港

汪夫人陳璧君女士、日昨由漢抵港、據悉、此行因與其母陳太夫人暌違已久、特來省視、並以迭來日機濫炸粵境、民間受損甚重、汪夫人關懷桑梓、特返粵一行、聞過去數月間、汪夫人寓居漢口、並時時來往各地視察云、

〈陳璧君昨抵港〉，《香港華字日報》
（香港），1938年3月5日，頁7。

陳璧君抵粵

回鄉視察社會情况

【本報特訊】華方廣州消息：中監委陳璧君，十五日抵粵，稍事休息後，分謁七二烈士，朱執信先生廖仲愷先生各烈士墓致敬。記者曾往謁陳委員，據談：此次回粵，係因抗戰以來，聞粵頻遭空襲及日機騷擾，特回鄉視察抗戰期間之社會情形。

〈陳璧君抵粵〉，《大美晚報晨刊》（上海），1938年3月17日，頁1。

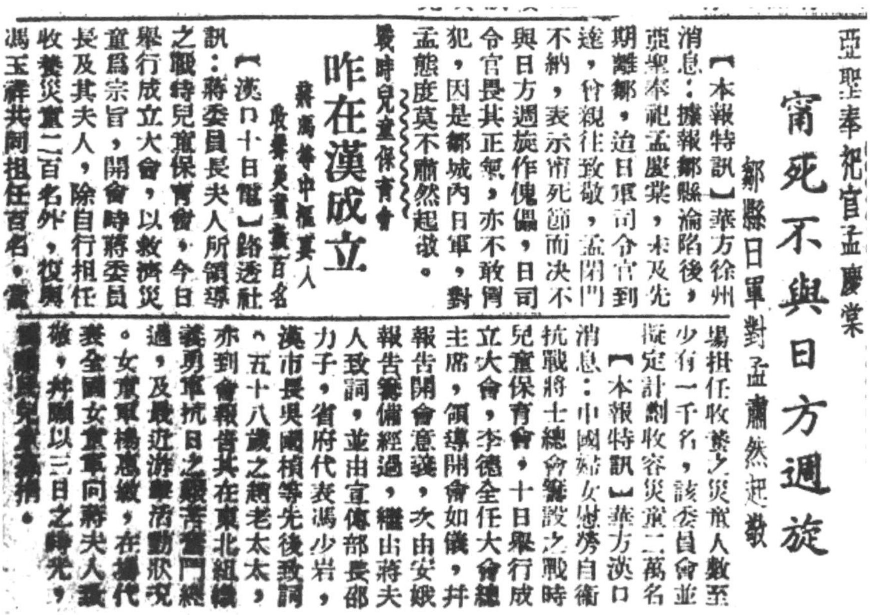

亞聖奉祀官孟慶棠

甯死不與日方週旋

鄒縣日軍對孟肅然起敬

【本報特訊】華方徐州消息：據報鄒縣淪陷後，亞聖奉祀孟慶棠，未及先期離鄒，迨日軍司令官到達，曾親往致敬，孟閉門不納，表示甯死節而決不與日方週旋作傀儡，日司令官畏其正氣，亦不敢冒犯，因是鄒城內日軍，對孟態度莫不肅然起敬。

戰時兒童保育會

昨在漢成立

蔣馮等中樞要人

收養災童數百名

【漢口十日電】路透社訊：蔣委員長夫人所領導之戰時兒童保育會，今日舉行成立大會，以救濟災童爲宗旨，開會時蔣委員長及其夫人，除自行担任收養災童二百名外，復與馮玉祥共同担任百名，當場担任收養之災童人數至少有一千名，該委員會並擬定計劃收容災童二萬名

【本報特訊】華方漢口消息：中國婦女慰勞自衛抗戰將士總會籌設之戰時兒童保育會，十日舉行成立大會，李德全任大會總主席，領導開會如儀，并報告開會意義，次由安娥報告籌備經過，繼由蔣夫人致詞，並由宣傳部長邵力子，省府代表馮少岩，漢市長吳國楨等先後致詞、五十八歲之趙老太太，亦到會報告其在東北組織義勇軍抗日之艱苦奮鬥經過，及最近游擊活動狀況。女童軍楊惠敏，在場代表全國女童軍向蔣夫人致敬，并願以三日之時光，爲戰時兒童募捐。

〈戰時兒童保育會昨在漢成立〉，《大美晚報晨刊》（上海），
1938年3月11日，頁1。

台兒莊被圍日軍

砲火已無聲息

華軍完成包圍陣線

擊潰日軍主力

兩晝一夜殲滅日軍四千餘

日軍援絕將全消滅

（本報徐州六日專電）津浦北段華軍肉薄臨城，台兒莊・韓莊三角地猛攻，台兒莊以北各村，多被華軍收復，現劉家湖三黑莊一帶，尚有殘餘日軍被華軍包圍，正殲滅中。日軍於五日晨，曾以重砲向台兒莊東南黃林莊轟擊，華軍亦以密集砲火還擊，同時華方空軍多架，出動助戰，至午華軍由內外兩線，向台兒莊東北之蘭池莊湯莊各要點包圍，進擊殘日軍七百餘人，下午砲火稍稀，入晚七時許，砲戰又轉激烈，到午夜始轉沉寂。

〈台兒莊被圍日軍砲火已無聲息〉，《大美晚報晨刊》（上海），1938年4月7日，頁1。

意見回饋

是次問卷旨在收集讀者對本會出版之意見，
所收集資料除研究用途外，或會用於宣傳。感謝參與，
有賴您們支持讓本會出版更好的書！